经济管理学术文库·管理类

中国城市劳动生产率影响因素研究

Chinese City Labor Productivity
Influence Factor Research

申洪源／著

图书在版编目（CIP）数据

中国城市劳动生产率影响因素研究/申洪源著.—北京：经济管理出版社，2017.5
ISBN 978-7-5096-5076-9

Ⅰ.①中… Ⅱ.①申… Ⅲ.①城市—劳动生产率—影响因素—研究—中国
Ⅳ.①F249.22

中国版本图书馆CIP数据核字（2017）第081702号

组稿编辑：杨国强
责任编辑：杨国强　张瑞军
责任印制：黄章平
责任校对：超　凡

出版发行：经济管理出版社
　　　　　（北京市海淀区北蜂窝8号中雅大厦A座11层　100038）
网　　址：www.E-mp.com.cn
电　　话：(010) 51915602
印　　刷：北京玺诚印务有限公司
经　　销：新华书店
开　　本：720mm×1000mm/16
印　　张：10.25
字　　数：168千字
版　　次：2017年6月第1版　2017年6月第1次印刷
书　　号：ISBN 978-7-5096-5076-9
定　　价：48.00元

·版权所有　翻印必究·
凡购本社图书，如有印装错误，由本社读者服务部负责调换。
联系地址：北京阜外月坛北小街2号
电话：(010) 68022974　　邮编：100836

前　言

随着城镇化进程加快，提高城市劳动生产率水平越来越被政府和社会所重视，而城市劳动生产率的影响因素是什么？这些影响因素之间交互作用会对城市劳动生产率产生什么样的影响？这些影响因素对城市劳动生产率影响大小以及排序如何？上述问题是本书研究的出发点和需要解决的重心。

在研究城市劳动生产率的影响因素中发现，学者们以往对城市劳动生产率的影响因素研究得不够全面：一是学者们大多关注经济密度、地理距离、市场分割、基础设施等影响因素，而未将市场化进程影响因素纳入研究范围之内；二是部分影响因素之间的交互作用机制尚不清晰，学者们在以往研究中，疏忽了部分影响因素之间的交互性对城市劳动生产率的作用；三是在城市劳动生产率的影响大小方面不明确，未对城市劳动生产率的影响大小进行排序；四是地理距离的界定和代换缺乏自然禀性，学者们研究地理距离只考虑了城市之间公路里程，而没有把城市内的交通通达性等因素纳入概念含义范畴。综上所述，本书将以上四个方面研究结合起来，试图能够比较清晰地反映城市劳动生产率影响因素的机制，并提供有益的政策建议。

首先，对城市劳动生产率的研究背景、意义进行比较详细的阐述。其次，提出本书研究的问题、研究的目的、文章的框架布局，界定相关主要概念。再次，分析相关变量对城市劳动生产率影响的内在机制，提出本书要验证的假说，并运用空间计量（滞后）模型实证检验了城市劳动生产率的影响因素。最后，进行了全书的总结和提出研究问题的不足。

本书研究的主要结论如下：

（1）在通过对中国城市劳动生产率影响因素分析的过程中，梳理了影响城市劳动生产率的作用机制，并引入市场化进程影响因素和改进后的地理距离影响因素，构建了空间实证模型。实证结果表明：经济密度、市场化进程分别与城市劳动生产率呈正相关；而地理距离与城市劳动生产率呈负相关；多样化和市场分割虽然呈负相关但并不显著。

（2）分析了部分影响因素交互性作用对城市劳动生产率的作用机制以及影响大小，剖析了部分影响因素的交互性作用对城市劳动生产率的经济含义。

部分影响因素交互作用的实证结果为：市场化进程×地理距离、市场化进程×市场分割、多样化×经济密度、多样化×地理距离表现出了显著的交互作用。

（3）在对实证结果分析过程中，厘清了各影响因素的作用方向，并对影响因素的大小进行了排序。

影响程度从大到小且统计意义显著的结论排序：在正相关关系中的排序是多样化×经济密度、市场化进程、多样化×地理距离、市场化进程×地理距离、经济密度；在负相关关系中的排序是地理距离、市场化进程×市场分割。

目 录

第一章 绪 论 ·· 1
  第一节 研究背景 ·· 1
  第二节 研究意义 ·· 4
  第三节 问题提出 ·· 7
  第四节 研究目标、研究方法、研究内容及研究路线 ······ 11
  第五节 本书的创新点 ·································· 14

第二章 文献述评 ·· 17
  第一节 国内外研究文献述评 ···························· 17
  第二节 本章小结 ······································ 25

第三章 关键概念界定 ······································ 27
  第一节 城市劳动生产率 ································ 27
  第二节 经济密度 ······································ 28
  第三节 多样化 ·· 31
  第四节 地理距离 ······································ 35
  第五节 市场分割 ······································ 37
  第六节 市场化进程 ···································· 40
  第七节 本章小结 ······································ 43

第四章 理论模型构建及研究假设提出 …… 45
第一节 理论模型构建 …… 45
第二节 城市劳动生产率与影响变量的假设 …… 50
第三节 本章小结 …… 62

第五章 研究变量选择 …… 65
第一节 变量选择 …… 65
第二节 变量数据来源及相关说明 …… 84
第三节 本章小结 …… 85

第六章 城市劳动生产率的影响因素空间计量分析 …… 87
第一节 空间计量方法简介 …… 87
第二节 计量模型 …… 90
第三节 城市劳动生产率数据统计性描述分析 …… 93
第四节 城市劳动生产率的影响因素空间计量分析 …… 104
第五节 本章小结 …… 120

第七章 结论 …… 123
第一节 研究的主要结论 …… 123
第二节 创新点 …… 127
第三节 研究不足与未来研究方向 …… 130

附录 相关数据列表 …… 133

参考文献 …… 137

致谢 …… 157

第一章 绪 论

第一节 研究背景

马克思主义经济学论述的劳动生产率主要是指生产者使用价值效率，即在规定时间内，劳动生产率大小的变化意味着产品增加或者降低。在党的十七大、十八大报告中，以新型工业化、信息化、城镇化、农业现代化为指引的"四化同步"发展方向，其内涵都是紧紧围绕城市经济的发展以及如何提高城市劳动生产率展开论述的。目前，我国经济虽然已进入工业化中期阶段，但仍将长期处于这个发展阶段，面对13亿人口的经济发展现状，如城乡劳动收入差距加大、城镇化率[①]偏低，如何改变这种不平衡状况，探索出一条适合我国国情发展的道路，以改变我国经济发展状况、提升我国经济整体实力都是一件刻不容缓的事情。纵观世界上已经走过我国现阶段的国家的发展历程，它们的经济重心都放在第二、第三产业上，并快速完成了经济腾飞。我国现阶段人口城镇化率刚好达到52.57%，如果按

---

① 城镇化率（又称城市化率、城市化度、城市化水平、城市化指标）是一个国家或地区经济发展的重要标志，也是衡量一个国家或地区社会组织程度和管理水平的重要标志。

照户籍城镇化率计算还不到35%①；而发达国家户籍城镇化率已经达到80%的水平，如现阶段美国城镇化率约为90%，日本城镇化率约为91.3%。面对中国人口数量巨大，特别是农村户籍人口数量，如果按照现阶段城镇化率水平每年以1%的速度提升，那么在未来二三十年内，我国每年将有约1000万人②的农村户籍人口转移到城市里工作。如此数量庞大的人口转移，对城市劳动生产率大小的影响、公共服务和基础设施的建立、消费水平的增加、经济聚集密度的提高、产业结构多样化的发展等都会产生巨大影响。

在2010年2月的专题研讨班会上，参会人员讨论了如何加快经济发展方式转变，并要求省部级的主要领导干部要认真贯彻落实"科学发展观"。与此同时，李克强同志强调："城镇化不仅是扩大内需最雄厚的潜力，也是经济结构调整的重要内容。"

然而，随着大量的农村人口向城市迁移，不可回避的是影响城市劳动生产率的大小问题。虽然我国经济整体实力比较强，但城市劳动生产率长期处于一个比较低的水平，进而影响了我国经济发展速度。按照购买力平价标准，中国2010年的城市劳动生产率比1990年增长1倍以上，但仍不及OECD③城市劳动生产率水平的一半，也不及拉美国家相应阶段的城市劳动生产率水平。同样，与发达国家相比也严重滞后：中国城市劳动生产率只相当于美国的1/12、日本的1/11④。2012年5月23日，

---

① 《中国城市发展报告》（2012）。
② 《瞭望》新闻周刊（2012）。
③ 经济合作与发展组织（Organization for Economic Co-operation and Development），简称经合组织（OECD），是由34个市场经济国家组成的政府间国际经济组织，旨在共同应对全球化带来的经济、社会和政府治理等方面的挑战，并把握全球化带来的机遇。成立于1961年，目前成员国总数34个，总部设在巴黎。
④ 世界银行报告（2012）。

第一章 绪 论

中科院现代化研究中心发布的最新报告也认为,2008年中国城市劳动生产率约为世界平均值的47%,约为高收入国家平均值的2%。2007年国际劳工组织一份研究报告显示,2006年拉美地区和中东地区城市劳动力年均创造财富1.8908万美元和2.1910万美元,而我国城市劳动力年均创造财富仅为1.2642万美元,低于拉美和中东地区一些发展中国家的城市劳动生产力水平。从经历该阶段国家城市劳动生产率发展历程看,日本实现每年城市劳动生产率9.5%的增长,只用了3年时间,韩国也一样,然而中国城市劳动生产率不升反降0.8个百分点。有专家预言:中国至少需要5年或者更长的时间才能度过这个阶段。一篇关于《势在必行:提高中国生产率》的报告称,提高城市劳动生产率是中国保持持续经济增长的动力,对未来经济发展非常重要,也是保持持续经济增长潜力的关键要素。

1996年以前,国外研究城市劳动生产率的方法都是比较零散的,主要原因是找不到合适的实证模型。自从Ciccone和Hall(1996)把城市劳动生产率模型化以后,城市劳动生产率相关问题的研究进入高速发展阶段。现阶段研究城市劳动生产率的方式方法相对比较成熟,这为研究影响城市劳动生产率的因素提供了便捷通道,从某种程度上讲也起到了非常关键的作用,因为城市劳动生产率是衡量一个国家经济发展水平和生产力发展水平的核心指标。

城市间经济增长差异问题历来是大家非常关注的问题,它一定程度上体现在城市劳动生产率差异上。这种差异在国外同样存在:1988年美国城市劳动生产率最高的省份比最低的省份高2/3;1992年德国城市劳动生产率最高的5个省份与最低的5个省份的平均比值是1.14;2004年中国最高城市劳动生产率的城市(上海)与最低的城市(贵州)之比是12.5。至此提出疑问，哪些因素影响了这些城市间城市劳动生产率差异大小，这些"看不见，摸不着"的影响因素应该如何度量，依据又在哪里，采用什么方法研究……诸如此类的问题，已成为大批经济学家在探讨城市劳动生产率差异及其影响因素之间关系的热点。

尽管导致城市间城市劳动生产率差异的影响因素是多重的，如基础设施、资本密集度、人力资本水平、技术水平等。但除此之外，还有哪些影响因素对城市劳动生产率产生影响？比如市场化进程、多样化程度等。然而，目前许多学者把视角聚焦在聚集效应微观层面上（陈良文等，2008；柯善咨、姚德龙，2008），探讨聚集效应对城市劳动生产率的影响。另外，还有部分学者（Mark Ro-berts 和 Chor-ching Goh，2011；郭琪、贺灿飞，2012）运用 3D［密度（Density）、距离（Distance）和分割（Division）］分析框架研究城市劳动生产率的影响因素。尽管以上学者对城市劳动生产率的影响因素研究取得了一些成果，但这些研究对于全面剖析城市劳动生产率的影响因素显得不够全面，未能全方位把握城市劳动生产率的影响因素。鉴于此，笔者在结合以往学者研究的成果基础上，更想知道城市间城市劳动生产率的差异程度到底是多少、其变化趋势和影响差异的影响因素是什么、部分影响因素交互作用对城市劳动生产率的影响又如何，对这些问题的思考也是耐人寻味的。

第二节 研究意义

本书研究城市劳动生产率的差异和影响因素，对于拓宽认识城市劳动生产率既有较高的理论意义又有重要的现实意义。

第一章 绪 论

一、理论意义

城市劳动生产率发展在一定程度上是城市经济增长的重要体现,正如 Krugman（1990）认为"生产率不是一切,但长期中它几乎就是一切",可见城市劳动生产率的重要性。如今该问题一直受到学者和政策制定者的重视,在国家或者城市经济发展的层面上,常被用来衡量国家或城市经济考核绩效的最重要经济指标。常见经济发展水平指标用人均 GDP 体现,根据 Solow（1956）的新古典经济增长模型概述显示:在理论上,城市劳动生产率与经济增长率的变动具有一致性。在多学科理论交叉分析中,研究城市劳动生产率的影响因素,能够从不同侧面反映城市经济的发展状况,如经济密度反映城市经济的总量;地理距离反映自然资源禀赋、交通优势情况;多样化反映城市化经济状况;市场化进程反映制度因素;市场分割反映行政管制因素等。通过以上影响因素对城市劳动生产率影响的研究,能够拓宽研究城市劳动生产率的理论范围,加强交叉学科的研究,从理论层面重新理解城市劳动生产率的影响因素,具有非常积极的理论意义。

二、现实意义

目前,我国正处于工业化进程的中后期阶段[①]:城镇化进程速度加快、基础设施建设总量急剧扩张、制造业重心由轻工业向重工业迅速转变、非农业劳动力开始占据主体地位、第三产

---

① 根据钱纳里以 1996 年人均 GDP（美元）的工业化划分标准,工业化进程可以分为人均国民收入 1240~2480 美元（工业化初期）、2480~4960 美元（工业化中期）、4960~9300 美元（工业化后期）三个阶段。国家统计局 2014 年 1 月 20 日公布,2013 年我国人均 GDP 约为 6767 美元。

业开始迅速发展。因此，理解城市劳动生产率的差异和影响因素是理解城市经济发展现状和发展趋势的重要基础。近年来，中国城镇化进程加快，一方面提高了经济总量，另一方面导致城市劳动生产率在城市间失衡，故研究城市劳动生产率的影响因素以及影响因素水平具有重要意义。

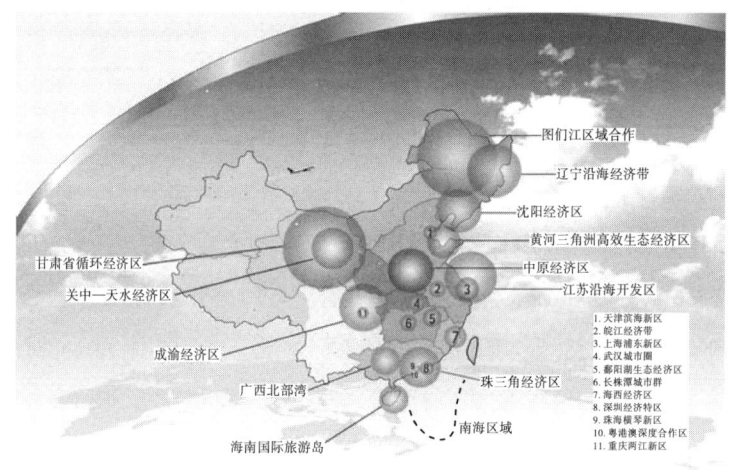

图 1-1 中国部分经济区分布

从图 1-1 可以看出，中国 80% 的经济都集中在东南部。2011 年，城市劳动生产率居前三位的是天津、上海、北京；后三位是西藏、甘肃、贵州。从分布走势看，从东部一直向西部方向递减，最高的城市（天津）与最低的城市（贵州）的城市劳动生产率之比是 5.19，这些数据反映出城市间城市劳动生产率的差距较大。因此，研究影响城市劳动生产率差距有着比较重要的现实意义。其具体表现在以下几个方面：

（1）揭示缩小城市间经济差距的原因对于协调城市经济发展具有重要意义。城市间产生经济差距的原因是比较复杂的，比如自然禀赋、基础设施、城市化率、外商投资、经济密度、地理位置等原因，本书通过研究可以从中找到比较合理的影响因素。正如前文所述，城市劳动生产率大小在一定程度上体现了经济发展情况，分析城市劳动生产率的影响因素，可以了解是什么因素导致城市间产生经济差距，政策制定者便会根据产生差距的原因，制定出城市间经济协调发展的对策，从而有利于城市经济发展。

（2）对于认识城市资本增加途径，改善城市人口居住条件有着积极的现实意义。提高城市劳动生产率一方面是增加城市社会财富的重要保证，另一方面也是企业发展生产的重要途径。由于大量的农村劳动力融入城市，结果导致第一产业人口比重降低，第二、三次产业人口比重升高，通常情况下，城市整体经济效益提高。在其他影响因素不变的前提下，城市劳动财富自然增加。不同的劳动者需要不同的就业岗位，劳动力要素流动为企业提供了大量合适的劳动力，降低了产品成本，继而提高了经济效益；同样，城镇化建设力度加大、城市公共基础设施条件改善，优化了人们的居住环境，提高了社会精神文明，从而也有利于提升人们的幸福指数。

（3）对于探讨城镇化进程中产业结构布局、经济发展状况、提供广阔的市场潜力和持续的经济动力，具有重要的现实意义。

综上所述，本书试图对城市劳动生产率的影响因素进行较为系统的研究，为我国经济协调发展提供理论依据，同时也为增加城市经济总量提供有益的帮助。

第三节　问题提出

城市劳动生产率一直在经济增长中扮演着重要角色，一些学者以新古典经济学理论为框架，并假定在完全竞争和规模报酬不变的基础之上，得出经济最终会趋向于收敛的结论。以上结论由于忽视空间效应的存在，显然不能较好地解释现实中存在城市劳动生产率差异日益扩大和经济聚集现象。

新经济地理理论在不完全竞争、规模报酬递增的框架下，将空间因素引入主流经济学中，解释扩散现象和空间集聚现象，从而使该理论成为目前解释经济发展不平衡和城市劳动生产率差异的重要理论之一。《2009年世界发展报告》吸收了新经济地理学和新贸易理论的最新研究成果：以聚集效应、人口迁移、专业化分工和贸易为主要驱动力，将所有经济一体化工具纳入这个分析框架中，重塑世界经济地理。

从经济聚集效应视角分析，城市间城市劳动生产率差异的主要影响因素是由经济集聚效应产生的。根据马歇尔外部规模经济理论，经济聚集影响劳动生产率主要包括三个主要渠道：一是劳动力池效应①，许多劳动力和供应商在同一个地方可以有效满足双方劳动供给及需求，从而提高经济效益；二是产品的差异化和上下游产业链间的投入和产出影响，可以减少上游和下游的供需成本，提高劳动生产率；三是知识外溢，经济活动空间集聚带来了劳动者面对面的交流机会，这样可以在知识与技术接触过程中加快二者交流的步伐，也有利于知识创新，从而进一步提高城市劳动生产率的效率（陈良文、杨开忠、沈体雁、王伟，2008）。尽管以上许多学者对城市劳动生产率的影响因素进行了大量研究，取得了许多有益成果，但在如下方面还没有进行较为深入的研究。

一、选取的城市劳动生产率的影响因素还不够翔实

综观现有文献对城市劳动生产率的影响因素研究，不难发

---

① 指失业劳动者聚集到一起，形成一个劳动力市场，可供用人企业选择。

现，市场化进程影响因素没有纳入到实证研究模型中进行理论和实证两个方面研究。《2009年世界发展报告》中主要是从密度、距离、分割三个方面重点阐述了对区域经济的影响，揭示了影响国内国际经济的影响机制。Mark Ro-berts 和 Chor-ching Goh（2011）从密度、距离和分割三个影响因素阐述了对城市劳动生产率的影响情况（郭琪、贺灿飞，2012）。还有从其他影响因素方面分析对城市劳动生产率的影响情况，如刘修岩（2009）从就业密度、城市相对多样化水平和相对专业化水平方面的研究；王良举、王永培（2012）从基础设施和经济密度方面的研究；韩峰、郑腾飞（2013）从专业化劳动力可得性、中间投入可得性和区际技术溢出方面的研究。

另外，从单一的经济密度影响因素角度研究的学者，如陈良文等（2008）、刘修岩（2010）、Ciccone 和 Hall（1996）、Ciccone（2002）、Harris 和 Ioannides（2000）、范剑勇（2006）、陈良文（2007）。从地理距离因素研究的学者，如张浩然（2102）。从工业聚集影响角度研究的学者，如连飞（2011）。还有从专业化角度研究的学者，如 Henderson（2003）。

虽然学者们在研究城市劳动生产率的影响因素方面涉及的面比较广，但从制度层面上的市场化进程因素还没有涉及，本书认为把市场化进程影响因素纳入到分析模型中，能更加全面分析城市劳动生产率的影响因素。

二、尽管现有文献分析了城市劳动生产率的影响因素，但从影响因素之间的交互性作用对城市劳动生产率的影响情况，还没有进行比较清晰的分析

从现有文献可知，陈良文等（2008）根据北京市2004年城市劳动生产率，对单位面积上的产出和单位面积上的就业弹性

测定分别为 11.8% 和 16.2%；Sveikauskas（1975）运用实证分析表明城市规模每增加 1 倍，城市劳动生产率将会提升 5.98%。另外，郭琪、贺灿飞（2012）分析每个单一影响因素对城市劳动生产率的影响大小（王良举、王永培，2012；韩峰、郑腾飞，2013）。但对于影响因素之间的交互作用没有做进一步研究。

基于此，本书对部分影响因素进行交互性作用分析，以剖析影响因素间的交互作用对城市劳动生产率的影响情况。

三、现有文献虽然对地理距离进行了界定和实证分析，但缺乏自然禀赋因素

本书在梳理现有文献中发现，郭琪、贺灿飞（2012）分析地理距离时，采用各地级市到城市和到沿海城市的等级公路距离；Mark Ro-berts 和 Chor-ching Goh（2011）以每个县区到重庆市区单一距离表示地理距离。尽管学者们都在研究地理距离对城市劳动生产率的影响，但现有文献在研究地理距离时，并没有考虑城市内的交通通达性，从而导致研究地理距离因素缺乏合理性。鉴于此，本书从此方面出发把研究城市内的交通通达性纳入地理距离考虑的范围。

综上所述，本书从影响因素的选择、部分影响因素间的交互性作用等方面对城市劳动生产率影响因素进行研究，以期明确城市劳动生产率的差异大小是多少、其变化趋势和影响因素是哪些、部分影响因素的交互性作用对城市劳动生产率影响又如何，对这些问题的思考也是非常耐人寻味的。

第一章 绪 论

第四节 研究目标、研究方法、研究内容及研究路线

一、研究目标

本书拟基于我国31个城市①的城市劳动生产率以及影响因素，即经济密度、地理距离、市场分割、市场化进程和多样化进行研究。并利用空间计量分析方法，构建城市劳动生产率的影响因素模型，分别对我国各城市的城市劳动生产率的影响因素进行研究，详细分析其影响大小。

通过对本书研究拟达到以下目标：

第一，探索与分析我国现阶段城市劳动生产率的变化因素，找出城市劳动生产率的影响因素，并为空间计量方法分析城市劳动生产率的影响因素提供变量和理论支持。

第二，对我国城市劳动生产率的变化程度以及主要影响因素进行统计分析，剖析城市劳动生产率的差异。

第三，检验影响我国城市劳动生产率的影响大小，并验证假说的成立与否，从而为我国提高城市劳动生产率的影响因素提供有益的政策建议。

二、研究方法

本书以新经济地理学和经济增长的相关知识为理论基础，

---

① 本书研究目标"城市"是指中国31个省、直辖市、自治区。具体为：上海、北京、广东、浙江、云南、江西、安徽、海南、重庆、山西、福建、黑龙江、广西、贵州、四川、湖南、湖北、江苏、天津、辽宁、河南、甘肃、河北、宁夏、吉林、山东、陕西、青海、新疆、内蒙古、西藏。

· 11 ·

中国城市劳动生产率影响因素研究

并运用理论分析与实证研究相结合的方法。在本书中使用的主要方法包括统计性描述分析法、空间计量分析方法等。具体而言：

第一，本书从国内和国外的研究方法和研究结果中，整理出新经济地理学、经济增长理论、劳动经济学的最新发展成果，从而为本研究提供理论支撑。

第二，本书通过对我国相关数据的整理，然后采用统计描述方法分析了城市劳动生产率的差异变迁。

第三，本书利用空间计量方法对我国各城市的城市劳动生产率的影响因素进行分析，揭示了影响城市劳动生产率的主要影响因素、部分影响因素的交互作用分析，以及对影响因素的大小进行排序处理。

三、研究内容

本书研究的内容共分七章。

第一章绪论：主要说明研究的背景、意义以及全书的逻辑结构。

第二章文献述评：通过从聚集效应、新经济地理学视角层面厘清现有研究城市劳动生产率的影响因素文献，并进行简要评介。

第三章关键概念界定：对城市劳动生产率、经济密度、市场分割、地理距离、市场化进程、多样化变量进行概念界定。

第四章理论模型构建与研究假设提出：通过对相关理论的阐述，分析各研究变量与城市劳动生产率的逻辑关系，随后根据数理模型推导提出相应假设。

第五章研究变量选择：包括变量度量、变量相关说明、研究方法、研究工具确定等。

第六章城市劳动生产率的影响因素空间计量分析：通过构建空间实证模型、进行变量检验、最终模型拟合满意并分析模型各变量对城市劳动生产率的影响情况。

第七章结论。

四、研究路线

首先，本书归纳了国内外现有研究中关于城市劳动生产率的影响因素主要成果，并分析总结了已有研究的不足。

其次，结合新经济地理学、马歇尔外部性相关理论，从经济密度、地理距离、市场分割、多样化、市场化进程，以及在部分影响因素间的交互性作用的影响因素视角下，构建了对城市劳动生产率的影响因素模型。

最后，通过建立空间计量经济模型对城市劳动生产率的影响因素及影响大小进行分析，并给出相应结论及建议。

本书的研究路线如图1-2所示。

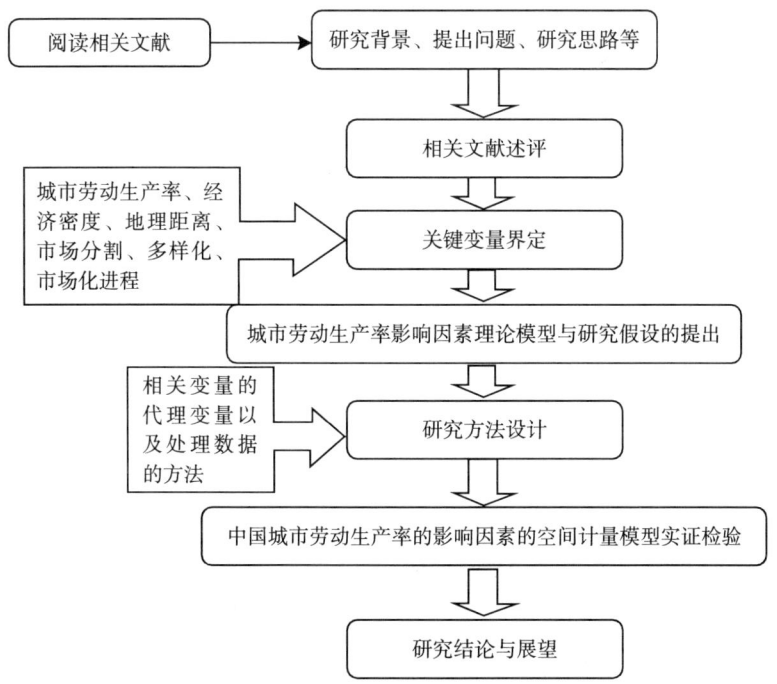

图1-2 研究思路、研究内容与逻辑结构框架

第五节 本书的创新点

一、拓展与完善了城市劳动生产率影响因素的分析模型，并用空间计量分析工具进行了实证分析与验证

首先，将市场化进程因素纳入分析模型中，拓展了城市劳动生产率的影响因素。本书在梳理城市劳动生产率的影响因素时发现，学者一般都是在经济密度、地理距离、市场分割以及多样化等相关变量中进行分析，却没有以市场化进程对城市劳动生产率影响因素进行研究，而本书将其纳入并实证分析。分析表明：市场化进程与城市劳动生产率呈正相关关系，表明市场化进程对城市劳动生产率的影响是不能忽视的。

其次，将地理距离代理变量界定为：城市到广东省广州市（经济比较发达地区）的高速公路自然距离÷本城市内的公路网密度（KM/KM^2），取代了以前单一的高速公路距离。

本书在对以往的相关文献进行梳理分析时，发现以往的研究仅仅是单一考虑城市之间的高速公路里程，从而损失一些考察对象的自然禀性，不能完全反映交通改善带来的影响大小。本书把这一解释变量换为地理距离，不仅反映城市内外的自然距离，同时还反映了交通的通达性。实证分析发现，地理距离对城市劳动生产率呈负相关关系。

二、揭示了影响城市劳动生产率的部分影响因素的交互作用及作用机制

综观现有的文献，研究对城市劳动生产率的影响都是从各

影响单一要素本身出发，没有考虑影响因素之间的交互作用会对城市劳动生产率产生什么样的影响，本书对部分自变量间的交互作用进行了实证检验，发现市场化进程×地理距离、市场化进程×市场分割、多样化×经济密度、多样化×地理距离表现出了显著的交互作用。

具体发现的内容分析如下：

首先，多样化与经济密度以及多样化与地理距离的交互作用，对我国城市劳动生产率起到了促进作用；单一的多样化影响因素对城市劳动生产率影响不显著。

其次，市场化进程与地理距离的交互作用，对城市劳动生产率的交互作用呈正相关关系；单一的市场化进程影响因素却呈负相关关系。

最后，市场化进程与市场分割的交互作用，对城市劳动生产率的交互作用呈负相关关系；单一市场分割对城市劳动生产率影响却不显著。

从以上分析可知，交互作用改变了单一变量的作用机制。

三、构建了城市劳动生产率的影响因素的空间计量模型，厘清了各影响因素的作用方向及影响程度的大小排序，从而进一步揭示了提高城市劳动生产率的对策含义

计量分析表明，在正相关关系中，影响程度从大到小且显著的排序为：多样化×经济密度（0.612）、市场化进程（0.463）、多样化×地理距离（0.308）、市场化进程×地理距离（0.220）、经济密度（0.131）。

在负相关关系中，影响从大到小且显著的排序为：地理距离（-0.773）、市场化进程×市场分割（-0.246）。

以上影响程度大小排序中表明：要加快提高城市劳动生产

率水平,政府必须重视合理利用土地资源;改善交通基础设施;加大经济改革进程的力度,提高生产要素市场化水平。这对于提高城市劳动生产率水平是非常重要的。

第二章 文献述评

城市劳动生产率的研究重点在于两个部分：一是回答"城市劳动生产率的差异是多少"，以及随之而来的城市劳动生产率的统计分析；二是分析城市劳动生产率的大小是由哪些因素影响产生的，本书对相关研究文献与研究成果进行了梳理。

具体结构安排如下：第一部分回顾产业聚集与城市劳动生产率影响的关系；第二部分回顾在新经济地理学视角下城市劳动生产率的影响因素，评述城市劳动生产率影响指标，由此引出本书的研究主题。

第一节 国内外研究文献述评

一、从聚集效应方面研究城市劳动生产率的影响因素

柯善咨、姚德龙（2008）根据微观机制、集聚经济、产业集聚理论以及城市劳动生产率的内生性，建立了外部空间计量经济联立方程，并利用2005年地级市及以上数据进行研究。结果表明：产业集聚效应和城市劳动生产率具有显著的空间黏性和连续性。

陈良文等（2008）根据北京2004年经济普查数据进行研

究：各市间、各省间的劳动生产率差异程度与城市街道劳动生产率水平差异水平不相上下。从经济聚集的角度来看，以北京全市范围为研究对象来解释劳动生产率的影响差异，发现劳动生产率和经济密度（产出密度、就业密度）之间有显著的正相关关系。这一分析结论表明：经济集聚效应存在，同时也为城市间劳动生产率差异提供了良好的理论解释。

刘修岩（2010）以2001~2007年中国城市面板数据为研究对象，研究了公共基础设施、集聚经济与城市间的第二、第三产业的劳动生产率的关系。结果显示：在控制住其他因素之后，地区的就业密度和公共基础设施对城市劳动生产率有显著影响；但忽略了城市公共基础设施后，估计集聚经济值会偏高。

Mark Ro-berts和Chor-ching Goh（2011）以重庆全市以及各区、县为研究目标，利用密度、距离、分割三个影响因素对城市劳动生产率差异影响进行分析。实证研究结果表明：距离对城市劳动生产率有显著影响；而密度显著与否依赖于具体的估计方法。

徐肇涵（2012）基于中国城市面板数据，实证分析了中国城市集聚效应与城市劳动生产率的关系。实证分析结果表明：城市集聚效应对城市劳动生产率呈显著正向影响，该研究结果对我国转变经济增长方式路径选择具有一定的借鉴意义。

Sveikauskas（1975）较早提出了实证模型，并利用美国1967年城市统计区（SMAS）分行业的劳动生产率数据、城市人口规模数据进行实证分析。其基本结论是：城市人口规模每增加1倍，城市劳动生产率将增加5.98%，验证了城市规模大小正相关于城市劳动生产率大小。此后，Segal（1976）、Moomaw（1981b）、Tabuchi（1986）、Fogarty和Garofalo（1988）、Naka-mura（1985）、Henderson（1986）等也检验了劳动生产率和经济聚集之间的关系，大部分的研究结果都支持不同程度集聚效应对城市劳动生产率有显著的正向影响。

Ciccone 和 Hall（1996）最先提出城市劳动生产率和经济密度之间关系的理论模型，并以美国各县级数据，实证检验经济密度与城市劳动生产率的影响关系。其结果表明：经济密度与城市劳动生产率呈正相关，且弹性系数为正；其他学者（Braunerhjelm 和 Borgman，2006）使用不同国家或部门数据分析聚集效应与劳动生产率的关系，并验证了经济聚集效应与城市劳动生产率呈显著正相关关系。

Ciccone（2002）运用法国、德国、意大利、西班牙、英国的县级数据进行实证研究，分析发现城市劳动生产率与经济密度呈正相关。Harris 和 Ioannides（2000）使用 1950~1990 年美国大都市地区数据进行分析发现：经济密度对城市劳动生产率的影响显著且为正相关关系。然而在中国较早研究城市劳动生产率的学者，如范建勇（2006）参考 Ciccone（2002）的研究方法，运用 2004 年中国地级城市数据，研究城市劳动生产率与经济密度之间的影响关系，结果验证了集聚经济效应存在，但他在计算经济密度时是围绕全市土地面积为研究对象，然而事实上，城市劳动生产率主要发生在非农业产业的城市建成区上，显然，利用全市土地面积不能反映实际产业集聚经济密度。陈良文（2007）利用地级市城市建成区面积数据进行实证分析，结果发现城市经济总量大小对城市劳动生产率的弹性系数为正；同样城市经济密度对城市劳动生产率影响方式也是一样。

Glaeser 等（1992）研究了产业集聚对城市经济增长的三个主要假设，发现技术外溢效应存在于美国城市工业部门之间，而不是行业内。张浩然（2012）利用 2003~2009 年中国城市面板数据进行实证研究，其结果表明：在控制住人力资本、产业结构、交通和通信基础设施以及其他影响因素后，全市人均资本、专业水平、经济密度与劳动生产率呈显著的正相关关系；同时，周边城市经济表现出明显的空间依赖性，在170千米内城市之间的溢出效应是最显著的，随着距离增加而明显减弱，到280千米外则几乎不会产生影响。

连飞（2011）以中国东北34个城市为研究对象，把城市工业空间相关性和非均匀性放到分析框架中，然后建立全域和局域的空间计量模型来研究城市产业集聚与城市劳动生产率的影响关系。研究表明：东北城市工业总体劳动生产率有明显的空间溢出效应；工业物质资本和人力资本对城市劳动生产率起积极的推动作用，但随着二者关联性增大，也会造成工业过于稠密。

近年来，一些学者对经济集聚和经济增长进行了分析。例如，金煜等（2006）在新经济地理学分析框架下，讨论了经济地理和经济政策因素对产业集聚的影响，发现二者是促使工业聚集的一个重要因素。张妍云（2005）使用省级工业产业数据进行分析，结果表明：城市劳动生产率增加是由产业聚集引起的。范建勇（2006）以2004年中国地级市及副省级城市相关统计年鉴数据，以产业集聚视角层面研究城市劳动生产率影响地区间不平衡的关系，实证发现非农业劳动生产率的城镇就业弹性系数，比相应阶段欧洲国家的水平还高。

Shefer（1973）研究发现，城市规模扩大1倍，城市劳动生产率增长20%左右；而Moovmaw（1981）认为，这种影响只有2.7%；Glaeser和Resseger（2010）分析表明：美国城市人口规模和城市劳动生产率呈显著的正相关关系，这在高人力资本城市中更加具有密切相关性。此后，Brulhart和Mathys（2008）等也对经济密度和城市劳动生产率的关系进行了研究，大多数研究都表明：该地区的经济密度对城市劳动生产率具有显著作用，而其他专注于专业化和多样化对城市劳动生产率影响因素研究，并没有得出一致的结论，比如以 Henderson（2003）为代表的学者倾向于认为专业化经济对城市劳动生产率具有正向作用；以 Glaeser 等（1992）为代表的学者强调多元化经济对城市经济发展的作用。

综上所述，各位学者剖析了城市劳动生产率的影响因素。

基于上述分析，笔者用表格形式总结，如表 2-1 所示。

表 2-1 国内外学者从集聚效应视角对城市劳动生产率的影响因素的代表性观点

代表人物	主要观点
柯善咨、姚德龙（2008）	根据微观机制、集聚经济、产业集聚理论以及城市劳动生产率的内生性，建立了外部空间计量经济联立方程，并利用 2005 年地级市及以上数据进行研究。结果表明：产业集聚效应和城市劳动生产率具有显著的空间黏性和连续性
陈良文等（2008）	根据北京 2004 年经济普查数据进行研究：各市间、各省间的劳动生产率差异与城市街道劳动生产率差异水平不相上下。从经济聚集的角度来看，以北京全市范围为研究对象来解释劳动生产率的影响差异，发现劳动生产率和经济密度（产出密度、就业密度）之间有显著的正相关关系
刘修岩（2010）	以 2001~2007 年中国城市面板数据为研究对象，研究了公共基础设施、集聚经济与城市间的第二、第三产业的劳动生产率的关系。结果显示：在控制住其他因素之后，地区的就业密度和公共基础设施对城市劳动生产率有显著影响；但忽略了城市公共基础设施后，估计集聚经济值会偏高
Mark Roberts 和 Chor-ching Goh（2011）	以重庆全市以及各区、县为研究目标，利用密度、距离、分割三个影响因素对城市劳动生产率差异影响进行分析。实证研究结果表明：距离对城市劳动生产率有显著影响；而密度显著与否依赖于具体的估计方法
徐肇涵（2012）	基于中国城市面板数据，实证分析了中国城市集聚效应与城市劳动生产率间的关系。实证分析结果表明：城市集聚效应与城市劳动生产率呈显著正向影响，该研究结果对我国转变经济增长方式路径选择具有一定的借鉴意义
Sveikauskas（1975）	利用美国 1967 年城市统计区（SMAS）分行业的劳动生产率数据、城市人口规模数据进行实证分析。其基本结论是：城市人口规模每增加一倍，城市劳动生产率将增加 5.98%，验证了城市规模大小与城市劳动生产率大小正相关
Glaeser 等（1992）	研究了产业集聚对城市经济增长的三个主要假设，发现技术外溢效应存在于美国城市工业部门之间，而不是行业内
Ciccone 和 Hall（1996）	最先提出城市劳动生产率和经济密度之间关系的理论模型，并以美国各县级数据，利用实证模型检验经济密度与城市劳动生产率的影响关系。其结果表明：经济密度与城市劳动生产率呈正相关，且弹性系数为 6%

续表

代表人物	主要观点
Braunerhjelm、Borgman（2006）	使用不同国家或部门数据分析聚集效应与劳动生产率的关系，验证了经济聚集效应与城市劳动生产率呈显著正相关关系
金煜等（2006）	在新经济地理学分析框架下，讨论了经济地理和经济政策因素对产业集聚的影响，发现二者是促使工业聚集的一个重要因素
张妍云（2005）	使用省级工业产业数据进行分析，结果表明：城市劳动生产率增加是由产业集聚引起的
范剑勇（2006）	以2004年中国地级市及副省级城市相关统计年鉴数据，以产业集聚视角来研究城市劳动生产率影响地区间不平衡的关系，实证发现非农业劳动生产率的城镇就业弹性系数比相应阶段欧洲国家的水平还高
Shefer（1973）	研究发现，城市规模扩大一倍，城市劳动生产率增长20%左右
Glaeser 和 Resseger（2010）	分析表明：美国城市人口规模和城市劳动生产率呈显著的正相关关系，这在高人力资本城市中更加具有密切相关性
Brulhart 和 Mathys（2008）	对经济密度和城市劳动生产率的关系进行了分析，大多数研究都表明：该地区的经济密度对城市劳动生产率具有显著作用，而其他专注于专业化和多样化对城市劳动生产率影响因素研究，并没得出一致的结论
Henderson（2003）	认为专业化经济对城市劳动生产率具有正向作用
Glaeser 等（1992）	强调多元化经济对城市经济发展的作用
Martin 等（2011）	通过数据分析发现，法国的专业化经济对劳动生产率在城市经济中呈显著的正向影响，而多样化经济影响却并不显著
张浩然（2012）	利用2003年至2009年中国城市面板数据分析，结果表明：在控制住人力资本、产业结构、交通和通信基础设施以及其他影响因素后，全市人均资本、专业水平、经济密度和劳动生产率有显著的正向影响
连飞（2011）	以中国东北34个城市为研究对象，把城市工业空间相关性和非均匀性放到分析框架中，然后再建立全域和局域的空间计量模型来研究城市产业集聚与城市劳动生产率的影响关系。研究表明：东北城市工业总体劳动生产率有明显的空间溢出效应；工业物质资本和人力资本对城市劳动生产率起积极的推动作用，但随着二者关联性增大，也会造成工业过于稠密

二、新经济地理学视角下城市劳动生产率的影响因素分析

刘修岩（2009）运用中国城市2003~2006年统计数据进行了实证检验研究。其实证结果显示是：城镇就业密度与城市劳动生产率呈正向显著影响关系；相对专业化水平也对城市劳动

生产率影响关系表现为同步且显著。

王良举、王永培（2012）针对中国城市劳动生产率差异显著现状，在新经济地理学分析框架下，运用2001~2008年中国267个地级城市以上相关数据，分析了基础设施、经济密度大小影响城市劳动生产率的大小关系。结果显示：基础设施和经济密度对中国城市劳动生产率均具有积极正向影响，应完善城市基础设施、降低城市拥挤效应，促进聚集经济形成，从而提高城市劳动生产率。

郭琪、贺灿飞（2012）利用中国2004~2009年市级城市面板数据进行实证分析，在控制住人均资本量和人力资本等变量后，建立了随机效应面板数据模型。其实证结果为：经济密度对城市劳动生产率呈正相关影响；距离影响因素对城市劳动生产率呈负相关；市场分割对城市劳动生产率的影响不显著。

韩峰、郑腾飞（2013）根据马歇尔外部性理论，运用2003~2010年全国地级城市的284个面板数据，主要从城市间的供给关联机制以及要素供给方面，分析空间外部性影响城市劳动生产率的大小。结果发现：在100千米范围内，专业化劳动力可得性、中间投入可得性、区际技术溢出对城市劳动生产率的促进作用明显；在控制住相关影响因素交叉作用后，地方保护主义对专业化劳动力和中间投入可得性呈负相关，但对技术溢出的作用不显著；国内外市场对专业化劳动力可得性呈正相关影响；国际市场潜力对中间投入可得性的作用效果具有正向影响；国内市场比国际市场更能够促进城市间的技术溢出效应。

综上所述，各位学者从新经济地理学角度出发，分析了城市劳动生产率的影响因素。

基于上述分析，笔者用表格形式总结，如表2-2所示。

表2-2 国内外学者从新经济地理学视角对城市劳动生产率的影响因素的代表性观点

代表人物	主要观点
刘修岩（2009）	运用中国城市2003~2006年统计数据进行了实证检验研究。其实证结果显示：城镇就业密度与城市劳动生产率呈正向显著影响关系；相对专业化水平也对城市劳动生产率影响关系表现为同步且显著。
王良举、王永培（2012）	运用2001~2008年中国267个地级城市以上相关数据，分析了基础设施、经济密度大小影响城市劳动生产率的大小关系。结果显示：基础设施和经济密度对中国城市劳动生产率均具有积极正向影响
郭琪、贺灿飞（2012）	利用中国2004~2009年市级城市面板数据，在控制住人均资本量和人力资本等变量后，建立了随机效应面板数据模型。其实证结果为：经济密度对城市劳动生产率呈正相关；距离影响因素对城市劳动生产率呈负相关；市场分割对城市劳动生产率的影响不显著
韩峰、郑腾飞（2013）	运用2003~2010年全国地级城市的284个面板数据，主要从城市间的供给关联机制以及要素供给方面，分析了空间外部性影响城市劳动生产率的大小。结果发现：在100千米范围内，专业化劳动力可得性、中间投入可得性、区际技术溢出对城市劳动生产率的促进作用明显

三、城市劳动生产率的影响因素研究简评

通过对上述文献的梳理，可以比较清晰地发现，目前学者们对城市劳动生产率的影响因素关注主要在经济密度、距离（张浩然，2102；郭琪、贺灿飞，2012）、分割、城市规模、基础设施、城市相对多样化和相对专业化水平（刘修岩，2009）等角度进行分析，其研究成果值得本书借鉴。

中国城市劳动生产率的影响因素是多方面的。上述文献虽然涉及了许多影响城市劳动生产率的因素，但也遗漏了一些影响因素，如市场化进程因素，尽管王小鲁、樊纲等学者对它的作用论述比较彻底，先后推出2001年、2003年、2004年、2007年的市场化指数，但把该变量放到实证模型中，将对城市劳动生产率产生怎样影响，是一个值得进一步探讨的事情。况且，各影响因素间的交互性作用怎样，以及各变量因素间对城市劳动生产率的影响排序如何，都没有学者进行进一步研究。

笔者在梳理了上述相关文献后，也为本书提供了一个研究空白之地。基于上述分析，本书将市场化进程纳入城市劳动生产率的影响模型中，同时考虑市场化进程对经济密度、地理距离、市场分割的交互性作用，多样化对经济密度、地理距离、市场分割的交互性作用对城市劳动生产率的影响，以及对城市劳动生产率的影响大小的排序进行比较。

简单介绍本书涉及的几个概念，以便在后续的研究中重点分析：经济密度主要关注影响中国城市劳动生产率的经济分布状况；地理距离关注自然禀赋和交通状况；市场分割侧重于生产要素流动状况；多样化侧重于城市内的产业结构角度分析；市场化进程主要是从制度层面剖析对城市劳动生产率的影响。

第二节 本章小结

本章在对国内外相关文献进行梳理后，主要从影响城市劳动生产率的不同影响因素方面进行总结：

从经济密度方面以陈良文等（2008）、Ciccone 和 Hall（1996）等学者为代表，主要论述了经济密度对城市劳动生产率的影响。

从地理距离的研究角度出发，以张浩然（2102），郭琪、贺灿飞（2012），MarkRo-berts 和 Chor-chingGoh（2011）等学者为代表，剖析了地理距离对城市劳动生产率的影响。

从市场分割层面出发，以郭琪、贺灿飞（2012），MarkRo-berts 和 Chor-chingGoh（2011）等为代表，分别以全国地级市和重庆市为研究对象，实证验证了市场分割大小影响城市劳动生产率的程度。

另外，从专业化层面分析了对城市劳动生产率的影响，如刘修岩（2009）等。

总之，本章通过对国内外影响城市劳动生产率相关文献的回顾、评介，为构建本书的理论模型和提出研究假设奠定了理论基础。

第三章 关键概念界定

本章围绕第一、第二章所提出的研究问题以及文献综述内容，对书中几个主要关键变量进行概念界定，从而进一步明确概念范围，为后续研究打下基础。

第一节 城市劳动生产率

论述劳动生产率的概念最早要追溯到马克思主义政治经济学中。劳动生产率是指：在一定时间内生产了多少产品，或者生产一定数量的产品需要多少时间，这是从商品使用价值的角度表示劳动者生产的效率，后来很多学者引用该概念，如张维达（2006）等。随后国际劳工组织在阐述劳动生产率时有两种界定：一种是个人劳动生产率，即 Labour Productivity Perperson（LP-Person）；另一种是小时劳动生产率，即 Labour Productivity Perhour（LP-Hour）。

随着时间的推移，学者对城市劳动生产率的界定大多数认为是第二、第三产业的产值与该产业的劳动力之比，这些界定基本上沿袭了以前的概念，但范围更加宽泛、更加贴切了。目前具有代表性的学者，如郭琪、贺灿飞（2012），王良举、王永培（2011），韩峰、郑腾飞（2013），范建勇（2006），陈良文、杨开忠等（2008），Ciccone和Hall（1996），Sveikauskas（1975），张浩然（2012），袁富华（2011），刘修岩（2010），张昕、李廉水（2006）等。

结合以往的研究，本书界定城市劳动生产率为：城市第二、第三产业的总产值除以第二、第三产业的就业人数之比值。它是反映经济发展状况的主要衡量指标。

第二节　经济密度

经济密度的大小对衡量经济的发展水平、制定经济政策有非常重要的作用。自Clark（1951）开创性地研究了城市人口密度方程后，为研究经济密度奠定了理论基础。而后人们对人口与经济密度的研究如雨后春笋般涌现，其经济模型（单中心模型、多中心模型）的发展，为后来学者研究经济密度提供了广阔的空间。

在《2009年世界发展报告：重塑世界经济地理》中，关于经济密度的概念阐述表明，经济密度的分布情况对一个国家或一个地区经济发展的重要性已经引起了学者们的广泛关注。这个经济密度即指单位土地经济发展水平的聚集程度，反映该地区的经济发展水平和集中度。周沂、沈昊婧、贺灿飞（2013）认为，经济密度是指每单位土地上经济活动强度，他们还认为高经济密度能产生经济聚集效应，能带来更大的生产率和提高人们的生活水平。

现在很多学者认为，界定经济密度概念的关键是视考察对象不同而界定不一，常见的有如下两种方式。

一、经济密度

从研究经济密度对象为出发点，可以分为两大类指标，一是人口经济密度；二是土地经济密度。前者是指在某地区经济规模达到一定水平时，在该区域的人口数量的多少，如王晓明（1993）、卢忠（1992）等。但更多研究者关注每单位土地面积上的经济承载能力，即为后者，但它又细分成五类指标：一类是国内生产总值密度；二类是投资密度；三类是就业密度；四类是工业密度；五类是消费密度。

一些学者根据研究的侧重点不同，以及基于研究数据获取方便性的影响因素下，在具体实证研究过程中，针对性地采取了经济密度指标：

（1）就业密度是指每单位面积的劳动者数量，如范建勇（2006）、Fredrik（2007）等。

（2）产业密度是指单位面积产量，如张富刚（2005），冯玉萍（2006），陈良文、杨开忠（2007），曹广忠、白晓（2010）等。

（3）工业密度，如何邕健等（2008）、贝涵璐（2009）、冯科（2008）等。

二、空间尺度

（1）国外研究资料显示，一般从国家级角度研究，如Lourens、Jouke（2005）；也有从县级视角进行研究，如Fredrik等（2007）；还有从县级以下微观地理单元研究，如Daniel和Kim（2007）。

（2）国内学者大多从省域层面进行研究，如张富刚等（2005）、冯玉萍等（2006）、冯科等（2008）、袁富华（2011）。也有从地市级层面进行研究，如贝涵璐等（2009），曹广忠、白晓（2010），罗文斌等（2010），王良举、王永培（2011），毛丰付、潘加顺（2012），范剑勇（2006），郭琪、贺灿飞（2012），柯善咨、姚德龙（2008），陈洁雄（2010）。还有从地市级以下的县区级角度研究，如林坚等（2008），何邕健、胡丽（2008）。另外，还有从县级以下微观区域角度进行研究，如陈良文等（2008）。

有关经济密度的概念界定本书用表3-1、表3-2总结。

表3-1 经济密度的概念（类型）界定有代表性观点

经济密度分类		概念界定	代表人物
人口经济密度		某地区土地面积所拥有的人口数	王晓明（1993），卢忠（1992）
土地经济密度	就业密度	在一定区域面积上所集聚劳动者人数的多少	范剑勇（2006），Fredrik等（2007）
	产业密度	单位面积产量	张富刚等（2005），陈良文、杨开忠（2007）
	产业产值密度	单位面积上分产业的产值之比	何邕健、胡丽（2008）

表3-2 经济密度的概念（范围）界定有代表性观点

国别	概念范围	代表人物
国外	省域级	Lourens、Jouke（2005）
	县区级	Fredrik等（2007）
	微观地理	Daniel、Kim（2007）
中国	省域层面	张富刚等（2005），冯科等（2008），袁富华（2011）
	省域以下	贝涵璐等（2009），曹广忠、白晓（2010），罗文斌等（2010）
	区县级	何邕健、胡丽（2008）
	微观层面	陈良文等（2008）

上述概念可以这样理解：按照通常研究，一般要考虑研究城市整个面积，许多学者（范建勇，2006；郭琪、贺灿飞，2012；柯善咨、姚德龙，2008；陈洁雄，2010）界定经济密度用行政区划面积，而没有用建成区面积。但本书主要考虑建成区面积，其理由是第二、第三产业一般都在城区面积上聚集和创

造了实质性的价值,如果要考虑全部城市的面积,势必会造成经济密度偏小,在一定程度数据缺乏合理性,所以本书采用建成区面积。

综合以上观点,结合本书研究目标,笔者将经济密度界定为:以城市为行政单元的第二、第三产业总产值与该城市行政单元的建成区域① 面积之比。

第三节 多样化

对于多样化定义,截至目前,理论界尚未对此给出确切的定义,但学者们通过不同视角阐述了它的概念。现阶段分类主要有三种:产品多样化、产业结构多样化、产业层面多样化。

产品多样化(Product Variety)根据不同学科、不同理论基础,它又有多种解释。Lancaster(1990)认为:产品多样化指某一特定产品组中的一定数量的产品差异。Bils 和 Klenow(2001)所界定产品多样化则更加宽泛,他们认为:产品多样化不但在产品的样式上要有新的特征,还要在产品的质量上有新的突破(新产品)。Broda、Weinstein(2004)指出,产品多样化通常是指品牌多样化,只要不是一个厂商所生产相同品牌的产品均界定为多样化。从市场竞争关系出发理解产品多样化,则指消费种类多样化,即不同偏好的消费者需要不同的产品差异;在国际贸易方面的文献则将其界定为通过充分细分的产品贸易流量;在计量经济研究中,则定义为相同厂商的不同生产线产品。

---

① 建成区域,指行政区范围内经过征用的土地和实际建设发展起来的非农业生产建设地段,它包括市区集中连片的部分以及分散在近郊区与城市有着密切联系,具有基本完善的市政公用设施的城市建设用地。

张剑虎、李长英（2010）认为，多样化是指产品的种类、产品的数目。他们运用数学推导证明了产品种类多少对于企业选址的重要性和合理性。

盛斌、王岚（2009）在对新经济地理学评述中，借鉴张伯伦垄断竞争模型，描述了多样化，他们认为多样化是指消费种类的多样化。新贸易理论的垄断竞争模型指出，消费者存在多样化偏好以及企业存在规模经济。对消费者而言，效用最大化是需要产品品种越多越好；对生产厂商来说，他们追求利益最大化，认为产品品种越少越好，从而在消费者和生产厂商之间形成"两难冲突"。

颜礁、赵定涛（2012）在论述区域创新活动时，认为多样化是指产业层面的多样化，是产业结构特征的重要体现，通过多样化增强产业间人群的人际互动、有利于新兴企业兴起并减少失业率。同样，Jacobs（1969）在分析知识溢出和扩散时认为产业结构的多样化有利于形成创新思想（Lazear，1999）。与此同时，Feldman、Audretsh（1999）在研究区域创新时，发现产业多样化提高了区域创新数量。Paci、Usai（1999）以意大利高新技术产业的劳动力市场为研究对象，认为产业多样化有利于区域技术创新。

Simon（1988）通过实证分析美国各区域的就业和失业情况时，发现产业多样化程度与就业多样化程度呈正相关，与失业率呈负相关（Malizia，1993；Izraeli，2003）。

Duranton（2000）认为在产业多样化的区域中，新兴企业可以减少新工艺生产迁移成本。

任晶、杨青山（2008）在马歇尔外部性经济理论指导下，强调产业层面的多样化，实证表明：由于不同城市和产业间的产业多样化，导致了不同思想近距离交流，为生产创新打下了坚实的基础，促进了城市经济增长。

Izreali、Murphy（2003），Trendle（2006）等学者从产业结构多样化视角下，探讨了避免区域经济增长下滑的不稳定或者劳动失业率。

Dimond、Simon（1990）认为，由于产业结构多样化所表现出来的结构特征，在一定程度上可以满足不同层次的劳动力获取未来的就业机会，加速劳动力市场培育，但同时强调了劳动力流动，增加了流动成本，导致短期较大的失业可能性。

目前，关于多样化的论述已经是一种非常普遍的经济现象。随着研究的不断深入，对多样化的研究已经从静态层面向动态层面发展，其中比较有代表性的学者如下。

Siegel（1995）认为，产业结构具有动态性，同时具有过程性而非瞬时性，是指由于时间的延续产业结构随之呈现出来的一个动态过程。同样发展经济学家也认为产业结构是一个动态过程，他们认为产业结构多样化是指资金、技术、人员等要素从第一产业向第二、第三产业流动的过程。

郑京淑、吴秦（2010）从静态层面定义区域产业结构多样化：一个具有自律、自立的区域多样化经济结构，存在同一个区域内并形成经济循环。而认为动态的产业结构多样化只是一个中间环节，是最终形成静态产业多样化所经历的一个必要过程。

Wagner（1998）比较全面界定产业结构多样化：检验经济规模的各种专业化存在，和区域内各产业之间联系的一种静止概念。另外，还有学者从其他角度界定多样化概念，如从人均收入的角度探讨了产业结构多样化问题（Izreali、Murphy，2003）；从知识的多样化角度，阐述了知识型工人交流的有效性与长期经济增长呈正相关关系（Berliant 和 Fujita，2008）；从城市规模的视角，界定产业多样化层面反映产业间的相互联系，实证分析了多样化对城市经济增长中的作用（孙晓华、周玲玲，2013）；Anderson（2003）用多样化代替城市化经济；城市相对多样化指数，通过产业间的技术外溢来影响城市劳动生产率（刘修岩，2009）。

总之，多样化的相关概念界定，如表3-3所示。

表3-3 多样化的概念界定有代表性观点

视角	代表人物	主要观点
产品多样化（市场营销）	Lancaster（1990）	指某一特定产品组合中一定数量的产品差异
	Bils和Klenow（2001）	产品的样式上要有新的特征，还要在产品的质量上有新的突破（新产品）
	Broda和Weinstein（2004）	只要不是一个厂商所生产相同品牌的产品均界定为多样化
产品多样化（市场竞争）		消费多样化，即不同偏好的消费者需要不同的产品差异
国际贸易		充分细分的产品贸易流量
计量经济研究		相同厂商的不同生产线的产品
	Siegel（1995）	多样化程度的一个过程
	一些发展经济学家	经济资源从第一产业向第二、第三产业的结构转移过程
产业结构	郑京淑、吴秦（2010）	一个具有自律、自立的区域多样化经济结构存在同一个区域内并形成经济循环
	Wagner（1998）	检验经济规模的各种专业化存在，和区域内各产业之间联系的一种静止概念

从上述研究可以看出，多样化概念的界定，不同的学者采用的视角不同给出了多样化的界定，但有的学者根本没有确切提出多样化的定义，只表明了方向或者范围和作用。

鉴于此，笔者将多样化定义为：一个具有自律、自立的城市产业多样化的经济结构，存在同一个城市内并形成经济循环。

其理由：本书是考察城市劳动生产率的影响因素，研究城市内第二、第三产业的产业人员的劳动生产率。根据马歇尔外部性规模经济原理的内涵显示：在一个区域内聚集在一起的产业，能够比较充分共享公共资源、信息交流且劳动者与企业彼此之间的寻租成本较低，增大就业机会。由于聚集效应引起产品价格指数下降，产业员工能够在这里享受到实际工资高带来的实惠，从而增加产业员工聚集效应。

第四节 地理距离

对于地理距离的概念界定，很少学者给出普适性的定义。笔者对现有距离概念进行文献梳理，一般涉及地理距离、心理距离、制度距离、时空距离、经济距离。鉴于本书研究需要，梳理相关地理距离概念。

《2009年世界发展报告》中，地理距离的内涵是商品、服务、劳务等到达经济集聚中心的距离（张晓欢、沈体雁、常旭，2013），这个距离主要指对市场准入产生限制和影响的经济距离。在研究城市劳动生产率的影响因素时，为了反映集聚经济或者市场之间的空间距离，郭琪、贺灿飞（2012）认为，距离是指物流、服务、人流、资本、信息流等经济要数穿越空间的难易程度。周沂、沈昊婧、贺灿飞（2013）认为距离是指到达某一经济密度区所耗费的成本。

另外，从其他方面论述距离的相关作用时，没有给出确切定义，只说明了相关的关联关系，如地理距离因素与城市间溢出效应的关系。符淼（2009）在以省区域面板数据对技术传播的空间模式进行研究时，实证表明局部集聚和东西部不均衡发展是因地理距离快速下降的技术外溢效应产生的。

陆铭（2011）研究表明，1996~2006年，总体上说，对中国城市土地利用效率是到大港口（香港、上海或天津）的距离越远，其负面作用越大。

还有从空间外部性实证说明距离和经济之间的关系，如Aavis（2008）等以美国专利在一定地理范围内，考察了县域尺度的溢出效应比这县域尺度大的溢出效应更明显；Orlando（2004）以英国NUTS3区域为研究对象，实证分析认为在距离经济中心40分钟车程范围内生产率最高（Rosenthal，2004；Rice，2006；Hering，2010）。

有关地理距离的概念界定本书总结如表3-4所示。

表3-4 地理距离的概念界定有代表性观点

代表人物	主要结论
张晓欢、沈体雁、常旭（2013）	距离主要指对市场准入产生限制和影响的经济距离
郭琪、贺灿飞（2012）	距离是指生产要素穿越空间的难易程度
周沂、沈昊婧、贺灿飞（2013）	距离指到达某一经济密度区所耗费的成本

目前，关于距离概念相关文献，有代表性的距离概念界定，如郭琪、贺灿飞（2012），周沂、沈昊婧、贺灿飞（2013）等学者，反映了距离对经济发展的重要性，其相关内涵是指空间距离。但也有侧重点不同，如郭琪、贺灿飞（2012）涉及距离的物流不仅仅是商品，还有意识思想范畴而非物质方面。张晓欢、沈体雁、常旭（2013）认为，距离主要是指市场准入产生限制的经济距离，更倾向经济地理范畴的实际距离。周沂、沈昊婧、贺灿飞（2013）则认为，距离是属于成本要素范畴，由于距离因素，物品在运输过程中损失也是有成本的。还有部分国内外学者从实证角度论述了距离的内涵，如陆铭（2011）、符淼（2009）、Orlando（2004）等。值得肯定的是以上学者对地理距离概念有一定的界定和阐述，但他们只考虑了城市到指定目标

的高速公路距离，没有考虑城市内部的交通和面积（交通通达性），因此会产生一定的偏差，也不够准确和合理。

本书在张晓欢、沈体雁、常旭（2013）界定地理距离概念基础上进行适当改进，引入研究城市内部的自然禀赋因素。基于此，本书界定地理距离是指商品、服务、劳务等生产要素达到经济集聚中心的公路距离，并综合考虑城市内的公路里程和建成区面积因素。

第五节 市场分割

截至目前，市场分割还没有一个统一概念。根据国际国内区域范围界定可以划分为两种：一是从国际范围划分，即国际分割主要是指货币方式、语言习俗以及国界等因素不同，而影响生产要素在国家间相互的正常流动；二是从国内范围划分，国内分割主要包括地理禀赋、地域文化各异、交通网络不通畅以及地方政府各自的保护主义等因素而形成的不利于生产要素流动的壁垒。

《2009年世界发展报告》中市场分割表述为：市场分割是指难以逾越的边界以及不同的货币和监管体制造成的对经济一体化的阻碍作用。学者郭琪、贺灿飞（2012）界定市场分割：在商品和生产要素的交流过程中，国家或地区之间限制其经济和社会要素的流动现象。

现有文献描述国内分割相对较多：银温泉、才婉如（2001）定义市场分割是通过行政控制手段限制资源相互流动的行为，其目的是为了保护本区域的利益（余东华、刘运，2009；李真、范爱军，2008）。陆铭、陈钊、严冀（2006）定义市场分割主要是指当地政府进行广泛和直接干预市场和企业的行为，它是整个中国政治和经济系统问题的综合反映（方军雄，2009）。冯兴元（2010）认为，地方市场分割特指地方政府、地方行业主管部门、地方私人权力集团的市场分割行为。

从市场分割概念出发实证研究的学者很多。郑毓盛和李崇高（2003）运用2000年中国省级数据进行实证分析，研究表明，由于市场分割的作用，导致产出结构配置效率损失到二成，同时省际要素配置效率损失下降到80%。陆铭、陈钊（2009）根据省级不同商品的价格指数信息，构造了省级市场分割指数，分析市场分割对区域经济影响呈倒U型，为省级经济增长提供了经济理论依据。刘小勇（2010）运用门限面板模型，认为政府分割市场会阻碍地区经济增长，地方经济越不发达，分割对该区域起阻碍作用越厉害。刘小勇（2013）运用省级市场分割程度分析了对经济增长的影响，结果显示：经济增长要同时考虑到市场分割对经济增长的直接绩效、间接影响、当期效应和回响效应以及相邻地区市场分割的外部性。实证表明：长期市场分割对经济增长有显著的负向影响，短期则有利于经济增长。

师博、沈坤荣（2008）从国内贸易角度界定市场分割，他们认为资源配置效率的严重失衡，以及全要素能源效率下滑，主要原因是市场分割程度加大而导致的。张如庆和张二震（2009）利用1985~2001年28个省际数据进行实证检验，结果表明：市场分割反而使企业的出口动力减弱。刘庆林、高越、韩军伟（2010）认为，生产分割是指在国家之间生产步骤的配置，一般都发生在联营公司，但有的也发生在非关联公司之间的交易。

中国从计划经济向市场经济体制转轨的过程中，经历了30多年的改革进程，在改革进程中，市场分割主要体现在：地方政府为保护当地利益，而割裂与其他地区经济联系的行为。通常，市场分割包括商品市场分割、商品价格分割、劳动力市场分割以及各种生产要素市场分割等。下面根据众多学者的研究，分析劳动力市场分割相关概念。

劳动力市场分割正式研究源于20世纪90年代初期。国内许多学者认为我国劳动力市场分割应该划分为四种类型：一是城乡劳动力市场分割；二是制度性分割（赖德胜，1996）；三是体制性分割；四是产业分割。然而著名学者朱农（2001）认为，中国劳动力市场可以划分为四类：一是农业；二是农村非农产业；三是城市正规行业；四是城市非正规行业。另外，学者李建民（2002）、徐林清（2002）也从不同角度划分了劳动力市场，他们都对劳动力市场分割作了大量的研究。

李芝倩（2007）界定分割为中国城乡间的劳动力市场分割，根据劳动者的学历高低（学历效应），在市场上的用工层次需求概况界定为人力资本型分割，劳动者城乡户籍界定为户籍型分割，概括为人力资本型分割和户籍型分割。这些制度严重影响了农村劳动力流动，也在一定层面上制约了劳动力资源重新配置，从而阻碍了经济发展。

在城乡分割体制下，蔡武（2012）通过省区劳动力市场分割，运用相关数据建立交叉项动态面板数据模型，实证检验了城乡收入差距影响的内在机制，归根结底是来源于市场分割产生的用工歧视，加大了城乡间收入差距。

张展新（2004）认为，由于劳动力市场城乡分割，城市劳动力市场出现了产业分割。聂盛（2004）研究表明，跨地区性劳动力市场的加速形成，在一定程度上是由于国家人口流动管理政策的削弱。

有关市场化分割的概念界定总结如表3-5所示。

表 3-5 市场分割的概念界定有代表性观点

种类	代表人物	主要观点
市场分割	余东华、刘运（2009）；银温泉、才婉如（2001）；李真、范爱军（2008）	市场分割通过行政控制手段来限制资源相互流动的行为，其目的是为了保护本区域的利益
	郭琪、贺灿飞（2012）	在商品和生产要素的交流过程中，国家或地区之间限制其经济和社会要素的流动，这被界定为分割
	陆铭、陈钊、严冀（2006）；方军雄（2009）	指当地政府进行广泛和直接干预市场和企业的行为，它是整个中国政治和经济系统问题的综合反映
生产分割	刘庆林、高越、韩军伟（2010）	指在国家之间生产步骤的配置，一般都发生在联营公司，但有的也发生在非关联公司之间的交易中

由于市场分割的概念没有一个确切的统一界定，本书重点研究的是城市间的产品要素的流向问题，关注的是城市间由于限制措施而在城市间形成的障碍因素。至此，本书界定市场分割的概念为：以地方（城市）利益为目的，城市通过行政控制手段，限制资源领域进入本地城市市场，或限制本地城市资源向城市外流动的行为。

第六节 市场化进程

市场化进程是一个相对动态的过程。从现有文献资料看，大多数学者认可的定义是：市场化进程是指在政府分配方式，向市场调节方式转化过程中，资源配置发生转变的过程。但关于市场化进程的概念，很多学者根据视角不同，界定市场化概念也不尽相同，其中比较有代表性的有：

常修泽、高明华（1998）认为，市场化是由起初的计划资源配置过渡到市场资源配置的进程中，主导经济资源发生了明显性的变化，并由此引发的企业行为、政府职能的系列经济关系过程。

陈宗胜、周云波（2001）将市场化看作是经济转型的产物，他们认为要充分理解这个概念，必须从下面两个层次上去剖析：一是从发挥市场机制作用的基础，看是否建立与之完善程度；二是从资源配置过程中发挥作用的范围与程度。综上所述，界定市场化的概念为：一个从无到有的，并逐渐产生直至趋向成熟的市场机制，在资源配置过程中，发挥了越来越大的作用，最终演变成经济发展离不开的机制（陈宗胜等，1999）。

樊纲等（2003）把视角不仅仅局限于经济发展方面，他们还认为应体现在社会、法律等方面的制度性变迁，于是他们界定：市场化是经济、社会、法律等一系列制度的变革。

国家计委市场与价格研究所课题组（以下简称计委课题组）（1996）从宏观层面认为，市场化就是取消或放松国家对商品生产要素供求数量以及价格管制行政放权的过程。

顾海兵（2001）则认为，市场化改革有直接和间接两个层面：直接层面主要表现在以国企、经济事务以及所有制结构转变的过程；间接方面是由直接层面的变动而产生的附件影响，即劳动力、资金、生产、价格等要素的变化过程。

还有从可操作性的角度分析，如周振华（1999）认为彻底分析市场化，必须要从三个角度出发：一是从空间角度（广度）；二是从内在关系角度（深度）；三是从外部环境角度（厚度）。以上三者缺少任何一个都不全面。

张曙光（2000）认为，市场化的实质是个人或者集团，能够独立支配自己的资源（经济自由化）。

从制度的视角考虑，姜霖（1999）认为市场化不仅要考虑资源配置方式，而且应考虑与之相匹配的非正式约束的市场文化体系，并在一个较清晰的目标框架和较明确的时间界限内完成的过程。

卢现祥（2001、2006）则没有给出明确的定义，但从不同角度诠释了市场化的内涵，其内涵强调我国市场并不是一个同质的市场，而是一个发展不平衡的市场，与笔者研究的假设相反。在论述中，他借鉴了布罗代尔（法国历史年鉴学派）的市场分层观点，认为我国的市场化要经历一个体制的跨越性障碍，并从三个方面叙述了我国市场化进程的困境：一是从市场交易的性质看，由于我国市场聚集刚刚起步，不具备完善的市场环境；二是从制度约束层面看，我国诸多矛盾不利于市场化的发展；三是从市场体系看，要素市场与产品市场不同步。最后认为，市场化是一个创新化的过程。

杨晓猛（2005）从横向比较视角认为，对于转型国家之间的市场化程度，要清醒认识其特殊性、片面性和局限性、重要性。

从市场化的重要性角度，赵彦云、李静萍（2000）认为，市场化进程是指经济制度由政府管制型经济向市场经济转变的过程。

有关市场化进程的概念界定总结如表 3-6 所示。

表 3-6 市场化进程的概念界定有代表性观点

代表人物	主要观点
常修泽、高明华（1998）	市场化进程是指支配经济资源发生了根本性的转变，由开始的计划资源配置向市场资源配置的转向，并由此引发的企业行为、政府职能的系列经济关系的过程
陈宗胜、周云波（2001）	一个从无到有的，并逐渐产生直至趋向成熟市场机制，在分配资源配置中，发挥了越来越大的作用，最终演变成经济发展离不开的机制。
樊纲等（2003）	市场化是经济、社会、法律等一系列制度的变革
计委课题组（1996）	取消或放松国家对商品生产要素供求数量及价格管制的行政放权的过程
顾海兵（2001）	直接层面主要表现在以国企、经济事务以及所有制结构转变的过程；间接方面是由直接层面的变动而产生的附件影响，即劳动力、资金、生产、价格等要素的变化过程

续表

代表人物	主要观点
张曙光（2000）	市场化的实质就是个人或者集团能够独立支配自己的资源（经济自由化）
姜霖（1999）	认为市场化不仅要考虑资源配置方式，而且要考虑与之相匹配的非正式约束的市场文化体系，并在一个较清晰的目标框架和较明确的时间界限内完成的过程
卢现祥（2001、2006）	市场化就是一个创新化的过程
杨晓猛（2005）	从横向比较视角认为，对于转型国家之间的市场化程度，要清醒认识到其特殊性、片面性和局限性、重要性
赵彦云、李静萍（2000）	市场化就是指经济制度由政府管制型经济向市场经济转变的过程

总之，通过对上面文献进行梳理，市场化进程概念的界定相对比较一致，基本认为是计划经济体制向市场经济体制转轨的产物，在政府分配方式向市场调节方式转化中，资源配置发生转变的过程，是一系列政治、经济、社会、法律的变革。

本书通过引入市场化进程主要是从制度层面分析对城市劳动生产率的影响，鉴于此，界定市场化进程概念是指支配经济资源发生了明显的变化，即由起初的计划资源配置过渡到市场资源配置，并由此引发的企业行为、政府职能的系列经济关系变化的过程。

第七节 本章小结

本章主要回顾了文中的几个关键概念，同时也对现有学者研究成果进行了梳理，并界定了本书研究的概念。

（1）本书界定城市劳动生产率为城市第二、第三产业的总产值除以第二、第三产业的就业人员之比值，它是反映经济发展状况的主要衡量指标。

（2）经济密度概念界定：以城市为行政区域的第二、第三产业的总产值与该城市区域的建成区面积之比。

（3）多样化概念界定：一个具有自律、自立的产业多样化经济结构存在同一个城市内并形成经济循环。

（4）地理距离概念界定：指商品、服务、劳务等达到经济集聚中心的公路的距离，并综合考虑城市内的公路里程和建成区面积因素。

（5）市场分割概念界定：以地方（城市）利益为目的，城市通过行政控制手段，限制资源领域进入本地城市市场，或限制本地城市资源向城市外流动的行为。

（6）市场化进程概念界定：指支配经济资源发生了明显的变化，即由起初的计划资源配置过渡到市场资源配置，并由此引发的企业行为、政府职能的系列经济关系变化的过程。

第四章 理论模型构建及研究假设提出

本章以第二章的文献述评以及第三章的概念界定的相关内容为基础,通过数理模型推导论证,构建出本书的理论模型,然后提出本书研究的假设。

第一节 理论模型构建

一、理论模型构建的依据

本书重点论述城市劳动生产率的影响因素情况,根据前文的分析,本章主要分析五大主要影响因素对城市劳动生产率的影响情况及其影响的传导机制。

在构建本书理论模型时,源于《2009年世界发展报告:重塑世界经济地理》,该文指出了影响区域经济的三大影响因素:经济密度、地理距离、市场分割。这篇报告里详细叙述了三个变量影响区域经济的情况,这一研究成果得到了国内外学者的认同。在这样一个成熟的理论框架下,本书拓展影响因素变量,把产业结构多样化和市场化进程影响因素纳入本书的理论模型中,以此研究它们对城市劳动生产率的影响。

二、理论模型构建的思想

中国的经济快速发展始于改革开放以后，从计划经济向市场经济的过渡而快速发展起来，经济体制格局改变了中国经济的整体面貌。本书通过制度层面引入变量，捕捉制度信息影响因素——市场化进程对城市劳动生产率的影响机制；多样化变量，主要是考察产业层面劳动者的聚集状况、国有企业转制、民营企业的兴起，结果导致了第一产业的员工向第二、第三产业的转移，这样农村劳动力向建成区流动导致生产率要素流动，为产业经济发展提供了人力资本的能动要素。以上二者对城市劳动生产率的影响情况如何，是促成本书构建理论模型的思想。

三、理论模型数理构建

本书基于 C-D 生产函数模型，其具体表达方式用 Y、A、K、L 分别代表产出量、技术水平、资本以及劳动投入量，它们的表达形式为 $Y = A(\cdot) f(K, L)$，然后两边同时除以 L，变形为 $\frac{Y}{L} = \frac{A}{L}(\cdot) f(\frac{K}{L}, 1)$，继续把影响参数 $\frac{A}{L}(\cdot)$ 放入函数内得到：$\frac{Y}{L} = F\left\{\frac{A}{L}(\cdot), \frac{K}{L}\right\}$，用 $\sum_{i}^{i} x_i$ 代替 $\frac{A}{L}(\cdot)$ 变形为 $\frac{Y}{L} = F\left(\sum_{i}^{i} x_i, \frac{K}{L}\right)$，于是得到劳动生产率的影响函数，$\frac{Y}{L}$ 表示劳动生产率，x_i 表示影响因素，本书用 x_i 分别代表经济密度、地理距离、市场化进程、多样化、市场分割以及交互性变量影响因素。然后分析五大因素对城市劳动生产率的理论影响机制。

（一）经济密度

城市劳动生产率的变化在很大程度体现在当地经济的增长上，正如克鲁格曼（1990）所说作为国家或区域经济发展绩效的最重要的衡量指标，城市劳动生产率问题一直受到研究者和政策制定者的重视——生产率不是一切，但长期中它几乎就是一切。城市劳动生产率实际上是城市劳均生产率，是一个经济范畴的重要指标，它是反映经济发展水平的一个重要参数，是制定经济政策和协调区域发展的重要依据。

从某种程度上说，城市劳动生产率差异与经济密度关系密切，二者具有一致性（方斌等，2010），还有如王良举、王永培（2012），陈良文等（2008），刘修岩（2009），郭琪、贺灿飞（2012）等学者也证实了二者的正相关关系。同样，《2009年世界发展报告：重塑世界经济地理》中，从经济密度、距离、分割三个维度系统描述对经济发展的作用，文章显示了经济密度与经济发展具有一致性。其中，经济密度对经济增长的作用非常大，文中列举了在2005年，中国沿海省份的总面积不及全国面积的1/5，而该区域的GDP总量占国内GDP的50%以上；同样国外这个现象也是比较明显，如巴西中南部城市的面积不及全国面积的1/5，而GDP总量却占全国GDP的一半以上，以上数据显示了经济密度与城市劳动生产率的一致性关系。

（二）市场分割

根据市场分割的核心界定：政府为了本行政范围的利益，而采取强制措施限制资本的双向流动的行为（银温泉、才婉如，2001）。市场分割由于影响了资源的分配，限制了要素流动（郑毓盛、李崇高，2003），政府为了保护、支持本地企业的发展，制定措施，限制生产要素的双向交易，或者提高外面要素进入的壁垒。这样长期下来，会造成生产资源不能形成互补，影响了产品创新和企业创新的进程。通过长期大量的实证案例说明，这不利全国整体市场优势发挥，也不利于资源整合以及城市的比较优势发挥，更不利于形成规模经济。当然对城市经济的发展也会造成严重影响。市场分割对城市劳动生产率的影响也是显而易见。

(三) 多样化

多样化是指产业结构多样化，克鲁格曼 (1991) 的"中心—外围"理论提出：消费者对商品具有多样化偏好。马歇尔外部性理论认为：在一个地区，人们聚集在一起，通过相互学习技能知识，共同享受技术和劳动力资源。由于许多劳动者和企业聚集在一起，劳动者通过相互学习，达到信息资源共享，迅速提高劳动技能。

企业间的物流距离缩短，加快产品更新换代节奏，企业也从中获取许多资源，降低了技术更新和生产成本，劳动力也从中降低了工作搜寻成本。这样企业规模不断发展壮大，从而企业也形成了规模效应，同时多样化也带来了它的经济外部效应。

一是产品的品种不断增多，数量不断增大，为不同的消费者提供了可供选择的商品，特别是为企业的中间产品的生产，节约了企业到外面获取半成品的成本，以及由于距离因素产生的额外成本，从而有利于形成稳定的供求市场。

二是产品的品种和数量的增多，需要不同就业的产业工人，不仅满足了现有企业和人们的需求，而且也产生了新的企业和部门（法律服务、金融服务、广告等），从而规模效应不断加大，最终形成了富裕的劳动力市场和雄厚的经济基础，主要体现在经济密度的增加。

(四) 市场化进程

市场化进程根据本书的概念界定视角是：从制度层面分析对城市劳动生产率的关系，我国经济增长过程实际上也是市场化深化改革的过程，市场化推动了劳动力要素在部门和城乡间的要素再配置，它是我国改革时期经济增长和生产率提高的重要动力（蔡昉、王德文，1999；王小鲁，1999、2000；王小鲁等，2009）。在市场化进程中，一批国有企业转制、私有企业、三资企业、港澳台企业等如雨后春笋般涌现，遍布大江南北，经济自由化程度增加，工人失业率下降，生产要素流动更充分，市场信息也更加透明。放松管制后，政府的监督职能在于宏观政策层面上，有利于资本流动（林毅夫、蔡昉和李周，1997）。

回顾中国30多年的改革开放带来的成果：我国经济保持年均9.7%的增长速度，居世界第一，GDP增加到30万亿元，外汇储备剧增，稳居世界第一，人民生活水平大大提高。市场化进程的提高改善了我国资本配置效率，激活了非国有经济，加速了经济的快速发展。

（五）地理距离

地理距离因素导致了空间、时间距离缩短。不同层面对地理距离的概念延伸也不一样，从国际层面看，地理距离主要考虑语言、货币和文化的差异；而从国内层面看，重点考虑交通距离，或者说自然距离。但现在的公路、铁路航空、海运的发展，对自然距离的影响较大，交通运输的远近，对于劳动力要素流动、信息传递效率，都有不同程度的影响。况且城市内的地理资源状况，以及道路情况对物流、信息流的传输速度影响不容忽视。

一般来看，城市内建成区分布比较集中，道路状况较好有利于物流、信息流的传输，也相当于地理距离缩短；反之，相当于地理距离加大，不利于城市经济发展。在空间经济学中，著名经济学家克鲁格曼，为了说明距离因素对经济的影响引入了"冰山运输成本模型"①。由此可见，距离因素是一个非常重要的因素，影响城市区域经济的发展。

第二节 城市劳动生产率与影响变量的假设

本部分对经济密度、距离、市场分割、多样化、市场化进程对城市劳动生产率的影响作进一步分析，并提出本书的相应假设。

一、经济密度与城市劳动生产率

根据《2009年世界发展报告》论述，经济发展在一定程度上体现在聚集效应方面。著名经济学家克鲁格曼所著的《空间经济学》中，主要论述了由聚集效应而产生了规模递增效应，由于厂商规模扩大，在单位面积上的经济总量上升，产品平均成本低廉，加剧了规模报酬增加。度量经济密度可以有很多视角，根据考察的角度不同而采用的参考数据也不相同。其中，人口密度、产出密度、就业密度、产值密度等从不同方面体现了经济密度的内涵，许多学者从这些方面进行了实证检验，表明经济密度越大，该城市集聚的经济活动越明显，城市劳动生产率提高越显著。

Sveikauskas（1975）较早地从规模效应角度研究，以美国1967年的产业数据实证检验了城市人口规模与城市劳动生产率的关系，结果表明：城市规模每增加1%，将为城市劳动生产率

---

① "冰山运输成本"首先由萨缪尔森提出，指的是产品在区域间运输采取"冰山"形式的运输成本，即产品从产地运到消费地，其中有一部分在途中"融化"掉了，融化掉那部分就是运输成本。

贡献 5.98% 的增长幅度，二者呈正向关系。而后，Segal (1976)、Moomaw (1981b)、Tabuchi (1986)、Nakamura (1985)、Henderson (1986)、Fogarty 和 Garofalo (1988) 等学者都从不同角度检验了城市劳动生产率与经济集聚的关系，研究结果基本上都支持了二者的正向影响关系。

Ciccone 和 Hall (1996) 是最早提出理论模型，以检验城市劳动生产率与经济密度关系的，他利用美国各县的数据实证检验了二者的关系，结果显示，经济密度越高，城市劳动生产率越高。此后 Ciccone (2002) 沿用先前模型利用法国、西班牙、意大利、德国、英国五国县级层面数据进行分析表明，经济集聚密度每增加 1%，城市劳动生产率便相应增加 4.5%。此外，运用 1950~1990 年美国都市区的数据，Harris 和 Ioannides (2000) 分析了经济密度与劳动生产率呈正相关关系。

由于经济密度与城市劳动生产率关系模型建立比较晚，国内的相应研究也较少，范剑勇 (2006) 较早沿用 Ciccone (2002) 的模型，检验了城市劳动生产率和经济密度（就业密度）的正相关关系，检验数据来源于 2004 年我国地级市的截面数据。随后，陈良文、杨开忠、沈体雁、王伟 (2008) 以北京 2004 年的微观数据检验了经济密度与城市劳动生产率的正相关关系，结果表明：以单位面积上产出经济密度和以单位面积上就业经济密度每增加 1%，城市劳动生产率相应提高 11.8% 和 16.2%。郭琪、贺灿飞 (2012) 以 2009 年中国 287 个地级截面数据，实证表明经济密度对城市劳动生产率的弹性影响系数为 0.65，且显著为正相关关系。陈洁雄 (2010) 以 2000~2008 年的城市面板数据，分时间段，把全国分成东、中、西三大区域，检验了城市劳动生产率对经济密度（就业密度）的弹性系数为 0.039，且也为正相关关系。

在集聚经济效应作用下，经济密度是城市经济实力的体现，无论是马歇尔的外部性经济理论以及聚集理论论述，还是大部分学者的研究结论，都证实了经济密度（城市规模或产业规模）对劳动生产率有正向作用的理论假设。

鉴于此，根据城市劳动生产率与经济密度之间的关系提出本书的研究假设，即：

假设一：城市劳动生产率与经济密度呈正相关关系，也就是说，经济密度升高或者降低，城市劳动生产率也随之升高或者降低。

二、地理距离与城市劳动生产率

地理距离因素影响物流、人流的交通运输成本是学术界普遍认同的。地理距离对城市劳动生产率的影响是多方面的，显而易见的是，减少距离就是缩短物流、信息流等的时间成本，从而产生聚集规模效应。下面对地理距离对城市劳动生产率的影响辩证关系做进一步的分析。

（一）地理距离与运输成本

新经济地理理论认为产业聚集程度/企业选址倾向均与交通运输费用密切相关，在假定其他因素不变的情况下，如果运输成本越大，那么聚集程度越弱，越不利于企业在此选址。然而运输成本大小在一定程度上又体现在地理距离的远近，在控制住其他影响因素时，地理距离越远，运输成本越大。

因距离因素而导致运输成本上升，运输成本影响了规模经济效应。企业群体为了增加本企业的竞争实力，获取较大的利润空间，在由地理距离因素导致成本适中的情况下，会选择向消费区集中的城市区域进行生产。企业又因经济外部性作用，导致生产规模增大，物价指数下降（价格指数效应）。消费群体由于物价指数低，导致名义工资高，在该城市区域不断增加消费群体和企业人员，为企业的人力资源市场提供了充足的劳动力，从而企业的用工成本降低。这样不断循环（累积循环因果效应）形成中心—外围格局，最终导致企业规模经济增大、城市区域经济密度增加、城市劳动生产率提高；相反，地理距离加大导致成本增加、企业规模和企业数量减少、经济密度降低、城市劳动生产率降低。

（二）地理距离与贸易量的关系

从贸易理论的角度看，很显然，地理距离与贸易量有着紧密的联系。一般来说，地理距离的大小影响运输成本和信息成本，地理距离越大，贸易成本就升高，那么贸易种类和数量就要减少。企业为了获得进出口利润，选择了向外贸易的运作模式，但贸易成本和企业生产效率决定企业利润大小。

生产效率低的企业由于地理距离的扩大，增加了贸易成本，出口利润减少，从而，这样的企业将会被迫停止出口，因此外贸型企业数目减少。如果长时间保持这种状况，贸易产品种类和贸易伙伴数目会严重下滑，企业区域的企业密度减少，生产效率低下，形成规模不经济。同时，贸易价格也受地理距离的影响，由于贸易规模不经济，企业因地理距离而分摊的成本增加，企业为了获得利润就增加单价，价格变动又影响到交易贸易量，从而影响了出口贸易总量，进而影响了企业产量规模和生产率高低。Baldwin 和 Harrigan（2011）研究了地理距离、贸易价格、企业异质性类型以及生产效率的关系：生产效率反映了企业异质性的差异，只有产品品质高、生产效率高、替代性小的企业才可以出口；反之，品质低、价格高、生产成本高的产品无法出口，被迫退出出口市场。还有从地理距离和贸易价格的关系角度论述的，如 Hummels、Skiba（2004），Baldwin、

Harrigan (2011), Manova、Zhang (2009), Kneller、Yu (2008)。综上所述,地理距离影响了企业贸易广度(种类)、数量和价格,从而影响企业产量规模。

(三) 地理距离与知识溢出密切相关

知识溢出在经济学理论中大多数以经济外部性的形式表现出来。在阿罗和罗默的经济增长模型中,知识通常被当做一种大家共同拥有的东西,是经济增长的重要源泉,具有边际效率递增的特性。经济活动在地理上的集中,促进了区域内的技术交流,从而对劳动生产率产生正效应。

在大部分经济学模型的设定中,知识传播的成本涨跌趋势与地理距离大小趋势是一致的。地理距离越近越有利于知识溢出,越有利于提高知识创新速度,并形成聚集效应。现阶段为了揭示地理距离和知识溢出二者的内在关联机制,往往采取两种模型进行实证分析,一种是 CH (Coe-Helpman) 模型,另一种是 LP (Lichtenherg-Pottels berghe) 模型。而 Jaff 等 (1993) 开创性地运用专利引用 (Patent Citation) 数据作为知识流的替代,从而把知识外溢过程显性化,探讨了地理距离与知识溢出的内在机制;Frankel 和 Romer (1999)、Sachs (2003) 研究认为,地理因素间接或者直接影响经济增长。

综上所述,地理距离越远,运输成本越大,贸易量减少,知识溢出减少,而规模经济下降,经济增长率降低,劳动生产率下降,如图 4-1 所示。

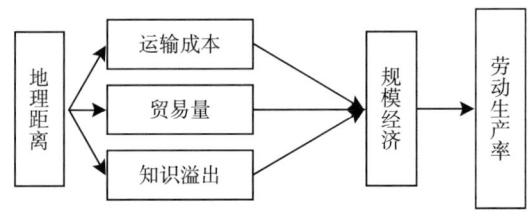

图 4-1 地理距离与城市劳动生产率的关系

鉴于此，根据城市劳动生产率与地理距离之间的关系分析，提出本书的研究假设，即：

假设二：城市劳动生产率与地理距离呈负相关关系，也就是说，地理距离升高或者降低，城市劳动生产率也随之降低或者升高。

三、市场分割与城市劳动生产率

由于市场分割的内涵是政府采取行政手段限制资源双向流动，所以，由于市场分割的存在，影响要素的市场半径不再取决于自身的性能，而取决于主观因素。关于市场分割对经济影响的论述，国外论述较多，国内大多数学者认为，市场分割对城市劳动生产率会产生如下影响。

（一）城市资源配置不合理，阻碍生产要素自由流动，导致价格信号严重扭曲

由于分割因素的存在，20世纪80年代中期，限制主要是以基础原材料为主的流动，到90年代中期，劳动力市场、资本市场包括产权市场都存在地方分割，如今分割几乎渗透到社会每一个角落，导致市场信号失真，使社会资源无法实现最优配置，干扰了宏观经济平衡。当地政府为保护本地市场，不允许外地商品进入本地市场，造成了资源流动受阻和价格杠杆失灵。余东华、王青（2009）通过对29个制造业行业的实证分析发现，地方保护主义和市场分割使企业的净收入下降了，企业创新动力减弱，从而影响了产业技术创新人员的经费。更重要的是，地方保护主义和市场分割，限制了生产可能性边界的扩张，扭曲了企业的技术效率和降低产业技术创新能力，由于地方保护主义所产生的地区性贸易壁垒，严重影响了市场集中度和企业规模扩大能力；张如庆、张二震（2009）利用2000~2006年中

国31个省际面板数据，实证考察了市场分割对进出口商品的影响，发现市场分割阻碍了出口和进口商品量（Poncet，2003；余东华，2008；师博、沈坤荣，2008；刘小勇，2010；李国璋、刘津汝，2010）。

（二）阻碍城市区域间的协调发展

如果一城市区域采取措施限制进口，那么会影响城市区域之间的贸易联系，各城市地方政府或者企业为了满足本地经济发展的需求，选择了重新建设项目，生产符合本城市区域需求的产品，结果会导致"家家点火、村村冒烟"的企业分布情形。这一产业布局，表面上看是加速了经济的发展，但实际导致了资源浪费、重复建设、生产过剩、利用效率低等不良后果，阻碍了分工和交换带来的经济效益，结果导致了城市区域间经济不协调发展。著名学者刘小勇（2013）实证分析认为，本地区经济增长下滑的原因，政府应该承担主要责任，由于政府政策制定不妥，制约了生产要素的正常流通，在实施过程中没有很好处理邻近省份的生产要素流通的关系，导致各自为政，资源共享失衡，加剧了市场分割行为，阻碍了经济相互发展。况且，随着市场化进程的不断深入，地方性国有企业在区域市场份额逐渐减少，非国有经济在整个经济体中发展越来越快，且企业组织形式也越来越多样化，这必然要加强横向和纵向联系，加强彼此交流。

（三）影响国内市场竞争机制形成，削弱了产品市场竞争力

地方市场分割阻碍了建立公平竞争、规范有序的市场体系，这人为地妨碍了邻近区域在区域内进行的行业直接竞争。由于受企业自己的生产数量和市场规模的制约，产生了内外无形压力，很多企业没有足够的资金和精力投入到企业产品研发活动中，从而推迟了企业技术创新与技术进步的步伐。同时，也因市场分割削弱了本地与周围区域知识交流，阻碍了技术创新的溢出效应，从而城市的产业竞争力受到严重影响，制约了区域经济的发展。

因此，市场分割对经济增长有反向作用。

鉴于此，现对城市劳动生产率与市场分割之间的关系提出本书的研究假设，即：

假设三：城市劳动生产率与市场分割呈负相关关系，也就是说，市场分割升高或者降低，城市劳动生产率也随之降低或者升高。

四、多样化与城市劳动生产率

经济发展的增长路径大体可以分三个阶段，首先是以新古典增长模型为代表的Solow（1956），以及Cass（1965）的物质资本累积为增长点；其次是内生增长模型为代表（Uzawa，1965；Lucas，1988）的以技能累积为主，与物质资本和人力资本累积的增长源泉；最后是基于Romer（1990）、Grossman和Helpman（1991）的内生增长模型为主要理论，以不断增加的产品多样化和产品种类的经济发展模式，以及由于投入产品种类增加而促进内生技术更新的发展方式。

Krugman（1979）在探讨国际贸易模式时，最早研究产业多样化，然后，在聚集理论和外部性规模经济理论的视角下作进一步发展。20世纪80年代，国际国内分工加剧，贸易进程加速，市场化进程加大，国家或者地区为了提高经济增长速度，不断加大产品的开发力度，满足消费者多样化的偏好。Jacobs（1969）在分析多样化外部性时强调，大量多样化的产业在地域上的集中，相互促进了知识溢出（Feldman，1999；Shefer，1998；Ouwersloot，2000；Van oort，2002），贸易交换能够促进技术创新的速度。劳动力要素在城市区域中共享相互交流的成果,产业结构多样化促进了知识溢出的外部性,导致了中间产品产生,而中间品的关联效应以外部经济形式表现出来。城市企业的原材料需求以就近为原则,因为原材料或者半成品到城市以外采购,必然支付因时间、空间带来的附加成本。

多样化与经济增长（城市劳动生产率）的关系,很多学者都在关注。国外早期研究的学者,如 Feenstra、Madan、Yangand Liang 等（1999）以 1975~1991 年韩国和中国台湾 16 个产业部门的产品种类为研究对象,实证表明产业（产品）种类是生产率增长最主要的因素。Funke 和 Ruhwedel（2001）利用 1989~1996 年 19 个 OECD 国家的面板数据,以细分的贸易产业种类为考察目标,研究结果表明,人均 GDP 与一国出口产业种类的增加呈显著的正相关关系。

Addison（2003）研究发现,产业种类增长与生产率增长之间存在显著的正相关关系,研究发现,29 个国家人均 GDP 与产业种类之间的相关系数为 0.82。Feenstra（2004）认为,多样化带来更高的生产率水平,他对 1982~1997 年的 34 个国家所有行业出口产业的实证分析表明,产业（产品）种类与该国生产率增长的弹性系数是 0.13。Robert Feen-straetal（1999）、Funke 和 Ruhwedel（2001a、2001b、2005）都以不同数据验证了产业结构多样化与生产率之间的正相关关系。

杨芬、刘刚（2011）,周飞、孙小丹（2012）也从不同角度验证了产业多样化与生产率之间呈正相关。

根据上述理论讨论和实证分析,产业结构多样化与生产率之间关系都显示了正相关关系。

鉴于此,根据城市劳动生产率与产业结构多样化之间的关系提出本书的研究假设,即：

假设四：城市劳动生产率与产业结构多样化呈正相关关系，也就是说，产业结构多样化程度升高或者降低，城市劳动生产率也随之升高或者降低。

五、市场化进程与城市劳动生产率

市场化进程的内涵是在计划经济体制制度下，通过市场对社会资源配置的作用，并逐渐向市场经济体制转变的过程，制度变迁能够促进经济增长（诺斯，1994）。中国从1978年开始，经历了30多年的市场化经济改革进程，平均经济增速保持在年均10%左右。到2010年，中国经济总量超越日本，成为居美国之后的第二大经济体。市场化进程改变了以前计划经济给我国经济造成的许多弊端，比如，城市整体资源利用率低下，生产要素流动不足，产业结构调整缺乏动力机制，技术创新能力不明显，无法适应市场经济高速运转的节奏。

市场化进程的改革过程，对城市劳动生产率的影响也是多方面的。

（1）在企业层面上，企业在市场经济中成为自主经营的主体，政府对企业的干预力度减少，对企业的指导也只是宏观政策上的指导，提高了企业主的主观能动性，减少了由于计划经济分摊的交易成本，从而大大提高了经济效率。另外，市场化进程的推进，促使了信息资源的加快，企业面临的竞争逐渐加大，不断加剧了产品的更新换代速度，同时也提高了劳动者的技能，促使企业整体经济向前发展。

（2）在政府层面上，市场化进程是政府对社会资源配置方式发生了改变，如财政分权制度改革，目的是激励地方政府财政多收。在这种体制下，地方财政的支出来自地方财政的收入，这意味着多增加财政收入。财政收入一般又来自企业的税收，政府又不得不培育税源，提高企业的宏观投资环境，为企业的发展提供必要的软硬环境，形成企业发展壮大的成熟条件，企业主能够充分发挥自身资源优势，为社会创造更多的价值。反过来，政府为企业提供了良好的生存空间，企业的数量增加了，政府的税收也就上来了。

（3）在经济开放度方面，首先，国家由于金融政策放开，资金要素流动节奏加强，融资渠道加宽，为企业扩大规模创造了必要条件，同时企业也增加了较大的贸易规模。在新古典经济学的假设下，稳态资本存量可能产生在经济中，为积累驱动的经济增长加快了进程。其次，市场化进程加速，企业提高了出口和进口贸易的节奏及规模，同时外商直接投资的进入也会带来先进的经营理念，全面加快了国内外经济与新技术合作，从而有利于新技术的交流和技术创新，经济开放对促进城市劳动生产率的提高奠定了坚实的基础。

鉴于此，本书基于城市劳动生产率与市场化进程之间的辩证关系，提出本书的研究假设，即：

假设五：城市劳动生产率与市场化进程呈正相关关系，也就是说，市场化进程升高或者降低，城市劳动生产率也随之升高或者降低。

综上所述，下面对上述的研究假设观点作一简要关系汇总，如图4-2所示。

六、变量交互性作用与城市劳动生产率

交互性是一个比较宽泛的概念，运用到不同的领域，其含义是不同的。目前它运用于计算机及多媒体领域相对较多（崔梦天、赵海军，2013；樊开阳、林小兰，2013）。在经济学领域相对较少，现有文献以甘肃省市级为研究对象，探讨了金融发

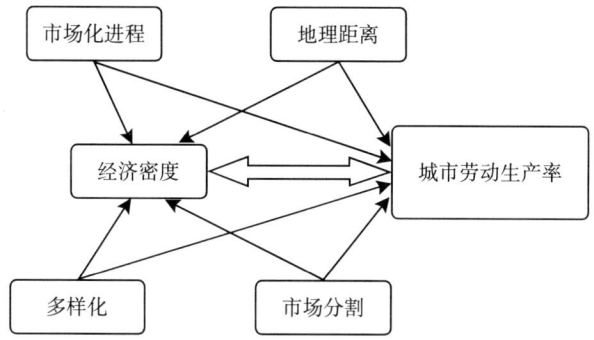

图 4-2 城市劳动生产率的影响因素理论模型之一

展、经济增长与产业升级动态交互影响关系（张莹，2013）。然而在城市劳动生产率的影响因素中交互性作用的文献几乎没有。而本书研究市场化进程、多样化分别与经济密度、地理距离、市场分割的交互性作用对城市劳动生产率的影响，下面给出理论假设。

在一定城市区域内政府加强了市场经济，放松了政府管制，那么在一定程度上就加大了自由经济的发展空间。在此基础上，民营企业、股份制企业快速兴起，由于企业采用绩效方式计算员工的收入报酬，员工工作的积极性高涨，工作效率提高。从而在经济改革的过程中，企业、员工得到了双赢，加速了城市经济的快速发展，政府的财政收入随之增多，进而增大公共基础设施建设，为改善企业的投资环境打下了基础，从而形成因果循环态势，吸引了人才，提供了就业机会。在国家改革开放力度加大情况中，政府一味通过行政手段限制生产要素的合理流动，结果有可能会影响经济的正常发展。鉴于此，根据上面的综合分析，提出本书的假设：

假设六：城市劳动生产率对市场化进程×经济密度[①]呈正

---

① 市场化进程×经济密度中的"×"表示前后两者的交互性，本书涉及类似的表达方式，均表示为前后两者的交互性。

相关。

假设七：城市劳动生产率对市场化进程×地理距离呈正相关。

假设八：城市劳动生产率对市场化进程×市场分割呈负相关。

经济密度在以产业层面的多样化作用促进下，在城市区域范围内，进一步加大了产业人员的集聚、新兴企业的兴起，以及扩大了原有企业的规模。城市区域经济在马歇尔的外部经济强化作用下，增强了经济总体实力。城市由于基础设施大大改善，缩短了物流、人流的距离，产业人员能够在近距离进行知识传递和交流，以及获取工作机会更加容易，从而减少了失业机会和经济成本。如富士康产业就是一个典型的案例，在它周围形成了许多相关产业，形成了产业链条，物流距离大大缩短，产业布局优势明显。然而，在产业多样化的城市区域内，在政府设置生产要素流动措施的保护下，企业完全不必要在城市区域外进行生产要素交流，本城市区域自己完全能够满足自身的需要，而且价格指数较低，城市外部企业产品也不能轻易到达该城市区域，在此情况下才可能促进经济的发展。

鉴于此，于是提出本书的假设：

假设九：城市劳动生产率对多样化×经济密度呈正相关。

假设十：城市劳动生产率对多样化×地理距离呈正相关。

假设十一：城市劳动生产率对多样化×市场分割呈正相关。

第三节　本章小结

本章通过各变量对城市劳动生产率影响的数理分析，构建了初步的理论模型，并提出了相应的研究假设。在此基础上，本章在前述的理论模型中增加了交互性的变量，从而构建出含有研究假设的更为具体的理论模型,如图 4-3 所示。

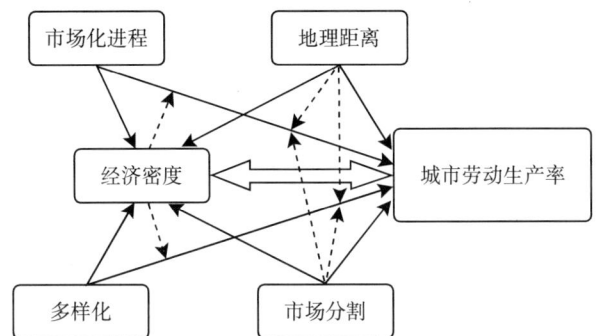

图 4-3 城市劳动生产率的影响因素理论模型之二

注:虚线表示交互性作用。

第五章 研究变量选择

在第四章所构建的理论模型基础上，本章将具体介绍研究变量的选择，包括变量的代理变量、数据收集与分析等研究过程的描述。

第一节 变量选择

一、城市劳动生产率

在国家层面上，理论界通常用人均 GDP 或人均 GNP 指标衡量一个国家城市劳动生产率的计算指标。通常度量城市劳动生产率的方式比较多，按照前面的论述，主要有下面的界定衡量方式：

陈良文、杨开忠（2007）采用市辖区地区生产总值除以市辖区在岗职工平均人数表示城市劳动生产率；高帆（2007）采用三次产业在 GDP 中所占的加权平均法来计算城市劳动生产率，没有采用 GDP 总量除以就业人数的简单平均法；刘修岩（2009）用第二、第三产业国内生产总值之和除以非农产业总就业量来表示非农城市劳动生产率；刘培森、常乐（2012）选择以 1978 年不变价格，用国内生产总值（万元）除以当年就业人数（万人），认为城市劳动生产率是一个复合变量；王良举、王永培（2011）认为城市劳动生产率是指各年非农产业人均产值；连飞（2011）用工业总产值除以工业从业人员年平均人数表示城市劳动生产率，单位为万元/人·年；徐肇涵（2012）用城市辖区第二、第三产业产值之和除以城市辖区非农产业就业总人数表示城市劳动生产率；袁富华（2011）用城市地区生产总值除以年末从业人数表示城市劳动生产率；张浩然（2012）用各城市国内生产总值与就业人员之比来表示城市劳动生产率；柯善咨、姚德龙（2008）用城市非农业就业人均GDP表示城市劳动生产率；郭琪、贺灿飞（2012）用市辖区国内生产总值除以市辖区单位就业人员数表示城市劳动生产率。

有关我国学者的代表性观点如表5-1所示。

表5-1 城市劳动生产率的度量方式代表含义

代表人物	主要变量含义
陈良文、杨开忠（2007）	指市辖区地区生产总值除以市辖区在岗职工平均人数
高帆（2007）	三次产业城市劳动生产率及其在GDP中占比的加权平均法
刘修岩（2009）	第二、第三产业国内生产总值之和除以非农产业总就业量
刘培森、常乐（2012）	国内生产总值（万元）除以当年就业人数（万人）
王良举、王永培（2011）	指各年非农产业人均产值
连飞（2011）	工业总产值除以工业从业人员年平均人数
徐肇涵（2012）	城市辖区第二、第三产业产值之和除以城市辖区非农产业就业总人数
袁富华（2011）	城市地区生产总值除以年末从业人数
张浩然（2012）	各城市国内生产总值与就业人员人数之比
柯善咨、姚德龙（2008）	城市非农业就业人均GDP
郭琪、贺灿飞（2012）	市辖区国内生产总值除以市辖区单位就业人员数

综上所述，根据研究者关注城市劳动生产率的视角不同，可以有如下方式：①第一、第二、第三产业全部考虑的学者，

如刘培森、常乐（2012）；②只考虑第二、第三产业的城市劳动生产率的学者，如刘修岩（2009）；③仅考虑第二产业（工业）的城市劳动生产率的学者，如连飞（2011）。他们都从不同角度度量了城市劳动生产率的表示方式，这为本书的研究作了许多铺垫。鉴于此，本书参照刘修岩（2009）的处理方式，该方式比较清晰合理地度量城市劳动生产率。

于是，本书用城市第二、第三产业的总产值除以第二、第三产业的就业人员之比来度量城市劳动生产率。

二、经济密度

经济密度是反映城市经济聚集程度的一个重要指标，也是反映城市劳动生产率程度的重要参数，常见的经济密度分为人口经济密度（卢忠，1992；王晓明，1993）和土地经济密度，而现有文献研究后者居多，但根据数据的可得性，土地经济密度又分为很多种。

贝涵璐、吴次芳、冯科、刘婷婷（2009）认为，土地经济密度是指单位建成区面积上的第二、第三产业增加值。罗文斌、吴次芳、冯科（2009）在分析湖南省城市土地经济密度的空间差异及其影响机理时，用城市单位建成区面积上的第二、第三产业增加值代替城市土地经济密度，计量单位为万元/平方千米。林坚、祖基翔、苗春蕾、毕崇明、刘云中（2008）认为，经济密度是指单位面积城乡建设用地上的第二、第三产业增加值，计量单位为：万元/平方千米。曹广忠、白晓（2009）在研究城镇建设用地经济密度的区位差异及影响因素时，城镇建设用地经济密度是指城市经济产出与单位面积城镇建设用地之比值，计量单位为万元/平方千米。陈良文、杨开忠（2007）在研究城市劳动生产率对经济聚集影响效应时，采用各地级市建成区面积上的产值来衡量。Ciccone 等（1996）研究认为，城市经济密度即每单位面积土地上的产出。王良举、王永培（2011）用非农业工人和都市区的面积比来表示市辖区的就业密度，即单位土地上的第二、第三产业就业人数。刘修岩（2010）用每平方千米的非农就业数量表示就业密度。连飞（2011）用工业从业人员年平均人数除以城市建成区面积表示工业就业密度，单位为人·年/平方千米。徐肇涵（2012）用城市辖区第二、第三产业就业总人数除以城市辖区面积表示城市非农就业密度。袁富华（2011）认为，经济密度是指城市地区生产总值（GDP）除以行政区域土地面积；Ciccone 和 Hall（1996）、范剑勇（2006）的就业密度用城市每平方千米的非农产业就业量；张浩然（2012）的经济密度采用城市每平方千米土地上年末人口总数的对数值。陈洁雄（2010）表示，就业密度是用每平方千米土地面积上的非农就业人数。柯善咨、姚德龙（2008）在研究工业聚集与城市劳动生产率的因果关系时，城市非农业就业数除以城市建成区面积表示就业密度。郭琪、贺灿飞（2012）用市辖区国内生产总值除以市区建成区土地面积表示密度。陈良文、杨开忠、沈体雁、王伟（2008）在分析经济密度对城市劳动生产率的差异时，以单位土地面积上的产出表示产出密度和单位土地面积上的就业人员数表示就业密度。

有关我国学者经济密度的代表性观点如表 5-2 所示。

表 5-2 经济密度的度量方式代表含义

代表人物	密度类型	主要变量含义
贝涵璐、吴次芳、冯科 等（2009）	产业密度	指单位建成区面积上的第二、第三产业增加值
罗文斌、吴次芳、冯科（2009）		城市单位建成区面积上的第二、第三产业增加值代替城市土地经济密度

续表

代表人物	密度类型	主要变量含义
林坚、祖基翔、苗春蕾等（2008）	产业密度	单位面积城乡建设用地上的第二、第三产业增加值
曹广忠、白晓（2009）		城市经济产出与单位面积城镇建设用地之比值
陈良文、杨开忠（2007）	生产总值密度	地级市建成区面积上的产值
刘修岩（2010）	就业密度	每平方千米的非农就业数量
连飞（2011）		工业就业密度用工业从业人员年平均人数除以城市建成区面积
徐肇涵（2012）		城市辖区第二、第三产业就业总人数除以城市辖区面积
袁富华（2011）	生产总值密度	城市地区生产总值（GDP）除以行政区区域土地面积
Ciccone、Hall（1996）	就业密度	用城市每平方千米的非农产业就业量
张浩然（2012）		采用城市每平方千米土地上年末人口总数的对数值
陈洁雄（2010）		每平方千米土地面积上的非农就业人数
郭琪、贺灿飞（2012）	生产总值密度	用市辖区国内生产总值除以市区建成区土地面积
陈良文、杨开忠、沈体雁、王伟（2008）	就业密度	以单位土地面积上的产出表示产出密度和单位土地面积上的就业人员数表示就业密度

综上所述，经济密度一般从就业密度（柯善咨、姚德龙，2008；Ciccone和Hall，1996；范剑勇，2006；王良举、王永培，2011）、产出密度（郭琪、贺灿飞，2012；贝涵璐、吴次芳、冯科等，2009；林坚、祖基翔、苗春蕾等，2008）以及生产总值密度（郭琪、贺灿飞，2012；袁富华，2011）的角度度量。它们从不同角度度量经济密度变量，反映了经济密度在分析经济聚集、城市劳动生产率时的重要性。

鉴于此，本书度量经济密度采用徐肇涵（2012）的度量方法，经济密度用城市辖区第二、第三产业就业总人数除以城市辖区面积（城区建成区面积）。

三、地理距离

从现有文献资料看,涉及地理距离的度量方式并不很多,本书根据现有文献进行整理,主要有下面一些方式。

王茂军、曹广忠、赵群毅、杨雪春(2010)以城市间的铁路运输距离作为城市间距离指标。陆铭(2011)在分析中国城市土地利用效率时,地理距离是指一个城市到最近的大城市的地理距离(单位:百千米)。郭琪、贺灿飞(2012)在研究3D模型对城市劳动生产率的影响时,选取与省会城市的距离和与沿海港口的距离两个指标来衡量地理距离。施炳展(2011)在界定地理距离时,分别以两个首都距离作为回归参数标准、人口数量大的两个城市之间的距离、人口比例权重(两大城市之间的地理距离的城市人口比例作为权重),然后在任意两个城市之间的距离取加权平均值来表示两者之间的地理距离,所不同的是地理距离的参数设置。周沂、沈昊婧、贺灿飞(2013)以各区县和武汉市中心的最短公路距离衡量距离。

有关我国学者对地理距离度量代表性含义如表5-3所示。

表5-3 地理距离的度量方式代表含义

代表人物	主要变量含义
王茂军、曹广忠等(2010)	以城市间的铁路运行距离作为城市间距离指标
陆铭(2011)	一个城市到最近的大城市的距离
郭琪、贺灿飞(2012)	考查区域到省会城市的距离和与沿海港口的距离
施炳展(2011)	主要参考三种方式:人口比例、人口数量、首都距离
周沂、沈昊婧等(2013)	各区县和武汉市中心的最短公路距离

综上所述,地理距离的度量大多数是直线距离(王茂军、曹广忠等,2010;陆铭,2011;周沂、沈昊婧等,2013),还有以人口为权重,把两城市距离加权而得的地理距离(施炳展,

2011），尽管以上方法能够反映地理距离的特征，但也遗漏了一些制约因素，不能反映本城市区域的交通状况和市场通达性。假设甲地和乙地到丙地的距离一样，说明地理距离一样，这样有失偏颇，没有反映本区域的交通状况特征，故本书引入本城市区域的交通密度，与城市区域外的距离一并反映该城市区域的交通地理状况。

鉴于此，本书结合郭琪、贺灿飞（2012）对距离的处理方法，根据研究需要，度量地理距离采用本城市到广东省广州市（经济比较发达地区）的高速公路的自然距离÷本城市内的公路网密度（KM/KM^2）。自然距离采用搜狗地图上的距离测度方法测量出高速公路里程；公路网密度以本城市的等级公路里程（包括一、二、三级）除以该城市的城区面积。其理由是：城市内的等级公路一般连接城市内的城市，不包括乡村公路，其功能是完成城市内的物流人流的运输，对于城市内的经济有一定的影响；而城区面积（建成区）反映了经济的发散地和聚集地，是经济的孵化园。本书没有采用行政区划面积的理由是：很多行政区域面积根本没有交通和人流、物流，如西藏、青海、新疆等很多区域荒无人烟，如果纳入公式进行测算，势必产生较大的误差。

为什么选择以广东省广州市而不选择上海发达城市为参考点的理由是：从邓小平同志到南方谈话开始，经济改革的号角便首先从广东开始，拉开了中国经济腾飞的序幕。从那以后，标志中国经济改革的开始。而后中国各城市都以广东省广州市为参考对象，调整了经济增长方式，提升了城市区域的经济水平。尽管目前上海经济整体水平比较高，但都是在改革开放后受广东经济特区的启发，突飞猛进发展起来的。况且广东省的广州市又紧连深圳和香港，后发经济优势明显。

本书研究的是城市劳动生产率的影响因素，研究的对象在城区范围，故采用上面的计算办法，也是比较合理的处理方式。

四、市场分割

(一) 生产法（产业结构法）

其衡量指标常采用区域专业化分工程度、技术效率的分解与度量、区域经济结构的测度与比较三个维度计算，产业结构的差异程度与市场的分割程度呈负相关。这是从各地区间产业结构的差异来分析分割的方法，有代表性的学者，如World Bank（1994）、Young（2000）、Naughton（1999）等，该方法测度市场分割程度总体来说比较简单直观，数据较易获得，但缺乏衡量变化程度的理论标准，以及由于结果推导原因关系而产生的测量偏差。

(二) 贸易法

基于"边界效应"的贸易法是直接采用省际的贸易流量来系统研究。McCallum（1995）最早研究"边界效应"，后来国内外学者相继展开研究，如Head、Mayer（2000），Chen（2004）等。而"边界效应"模型建立是由Head和Mayer（2000）最早构建用于分析地区间行业贸易情况。黄赜琳、王敬云（2006）研究中国各产业的具体分割时采用了"边界效应"的方法分析。而后Naughton（1999）、Engle和Roger（1996）、Poncet（2001）使用"边界效应"法测度了市场分割的大小。蒋满元（2007）认为跨区域长途运输的大宗货物主要是通过铁路，因此，就整体而言，跨省铁路运输大致反映了省际贸易的产品格局。

(三) 经济周期法

在货币区理论中，Mundell（1961）、Bayoumi和Eichengreen（1994）在研究经济周期的同步性或检验区域内货币政策是否在经济运行规律中产生了效果,采用了经济周期法,也是最早采用此方法进行实证检验的。但该方法一般是研究国家之间的市场分割整合情况,因为它主要关注宏观层面的数据。不过还有部分学者运用中国市场进行研究,如 Mody 和 Wang (1997)、Tang (1998)、Xu (2002)。由于受宏观数据和自然条件的影响,经济周期法也会产生一定的偏差。

(四) 问卷调查法

该方法是由李善同 (2004) 采用的,尽管避免了由于统计年鉴数据的不准确性,实际计算市场分割产生的偏差,但该方法增加了调研成本,设计问卷指标是否科学合理,以及获取数据的难易程度和人为因素的随意性给数据带来的人为误差有待考证。

(五) 价格法

价格法是最常见的度量市场分割的方法。该方法利用"冰川成本模型"的理论,该理论的主要思想是表达交易两地由于商品的运费,损耗就好像冰块在路途中融化掉一样,商家为了保住利润,就必须提高到岸价格,价格越高,说明两区域的贸易壁垒越高,分割就越严重;价格与初期价相当,说明分割不太严重,这样通过价格反映两区域的贸易壁垒的难易程度。但该方法也有缺点,价格的波动受很多方面的影响,如市场分割、供需平衡、自然因素、距离远近以及缺乏单个价格 (Tang, 1998) 等;优点是不仅反映整个市场的分割程度,也可以反映要素市场的分割程度,获取数据相对比较容易等。

该方法具有代表性的学者,如陆铭和陈剑 (2009),陆铭、陈钊 (2007),Parsley 和 Wei (1996、2001a、2001b),张如庆、张二震 (2009),Parsley 和 Wei (2000、2001),郭琪、贺灿飞 (2012),潘文卿、刘亚清、刘庆彬 (2011),李真、范爱军

(2008)，周沂、沈昊婧、贺灿飞（2013）等。

表5-4 国内市场分割的衡量指标

分割类型	主要代表	方法优点与缺陷
生产法	World Bank（1994）；Young（2000）；Naughton（1999）	优点：简单直观、数据较易获得
		缺点：代表性不足
贸易法	Naughton（1999）；Engle 和 Roger（2000）；Poncet（2001、2002）；蒋满元（2007）；叶裕民（2000）	优点：数据代表性较强
		缺点：易受其他因素影响
经济周期法	Mody 和 Wang（1997）；Tang（1998）；Xu（2002）	优点：说服力较强
问卷调查法	李善同（2004）	优点：数据较为准确、直接
		缺点：获得数据的周期较长，经费较高
价格法	陆铭和陈剑（2009）；桂琦寒、陈敏、陆铭、陈钊（2006）；张如庆、张二震（2009）Parsley 和 Wei（1996、2001a、2001b）	优点：获取数据容易，能反映市场分割的真实性
		缺点：数据受外界影响较大

由于本书在城市层面研究城市劳动生产率的影响情况，经过对上面文献的整理，并考虑数据的可得性。本书将参照桂琦寒、陈敏等（2006）的具体处理办法，用中国相邻城市的相对价格数据来表达市场分割的程度。具体做法分三步：

（1）建立相对价格差 $|\Delta Q_{ijt}^k|$。

$$|\Delta Q_{ijt}^k| = |Ln(p_{it}^k/p_{jt}^k) - Ln(p_{it-1}^k/p_{jt-1}^k)| = |Ln(p_{it}^k/p_{it-1}^k) - Ln(p_{jt}^k/p_{jt-1}^k)|$$

（2）价格差异残差 Δq_{ijt}^k 的处理。

由于价格波动原因是多方面的，有可能是本身产品还有可能是自然条件等，为了说明分割不是由于本身产品产生的，就必须剔除。其具体做法是，采用去均值（De-mean）方法以剔除由商品自然属性而产生的系统偏误，即 a_k（Fixed-effects）带来的本身特征属性，设 ΔQ_{ijt}^k 由 a_k 与 ε_{ijt}^k 两项组成，a_k 仅与产品自然属性 k 相关，ε_{ijt}^k 与 i、j 两区域的异质性的市场环境有关，要消

去 a_k 项,应对给定年份 t、给定商品种类 k 的 $|\Delta Q_t^k|$ 在 68 对邻近层面的所求数据之间取平均值 $\overline{|\Delta Q_t^k|}$,然后用这 68 对 $|\Delta Q_{ijt}^k|$ 分别减去该平均值,以剔除平均值的方法得到 $|\Delta Q_{ijt}^k| - \overline{|\Delta Q_t^k|} = (a^k - \overline{a^k}) + (\varepsilon_{ijt}^k - \overline{\varepsilon_{ijt}^k})$,令 $q_{ijt}^k = \varepsilon_{ijt}^k - \overline{\varepsilon_{ijt}^k} = |\Delta Q_{ijt}^k| - \overline{|\Delta Q_t^k|}$。

(3)相对价格方差 V(q_{ijt}^k),这样该方差 V(q_{ijt}^k) 反映了地区间市场分割因素和一些随机因素。

其中,i、j 代表不同的城市,t 代表年度,k 代表某一类商品,$\overline{\Delta Q_i^k}$ 为不同城市对某年某类商品的均值。笔者最终计算市场分割度 V(Δq_{ijt}^k),即对同年、同一城市对的(Δq_{ijt}^k)求方差。

相对价格指数分析方法需要三维(t×m×k)的面板数据。其中,t 为时间,m 是该城市,k 是该产品。原始数据是历年《中国统计年鉴》分城市的商品零售价格指数,涵盖了 1997~2011 年 15 年 31 个城市九大类商品,时间、地点和商品类型三个维度(15×31×9)。笔者的数据选取按照(陆铭、陈钊,2009)筛选标准,但不把鲜菜作为备选。因为商品在跨城市销售时,需要比较长的时间,而鲜菜保质期不长,无法正常完成销售,故不计入本书的商品类。考虑到机电产品的特殊性,数据具有连续性,本书用机电产品取代鲜菜类。这样,本书将 1997 年各城市商品零售价格分类指数(统计年鉴)栏的商品类别做适当的选择,只选取了其中九大类商品包括食品,饮料和烟酒,服装和鞋帽,中西药物,书报和杂志,文化、文体用品,日用品,燃料及电器产品。

本书测算的是相邻城市,用该城市分别与其他城市的分割指数之和取平均值,即是本城市的分割指数,如新疆的相邻省份是西藏、青海、甘肃,那么新疆的市场分割指数就等于新疆和西藏、青海、甘肃这三对指数的平均值,其他的依次类推。

五、多样化

多样化的度量方法有如下几种：

（一）熵商法

孙晓华、柴玲玲（2012）借鉴熵指标的方法，分析了中国地级市产业多样化对地方经济的关系影响，其产业多样化的度量为：

$$E_i = \sum_{i=1}^{n} p_i \text{Ln}(1/p_i)$$

式中，E_i表示熵值，代表该产业多样化程度，为地区就业的比例（或占收入的比例，占国内生产总值的百分比），如果一个区域只有一个部门，熵值等于0，表示工业多样化的最低级别。熵值越大，表明产业多样化程度越高。

（二）赫希曼—赫芬达尔指数（Herfindahl–HirSCman Index，HHI）

该方法能够反映市场份额的变化，即市场中厂商规模的离散度和规模情况。

不同学者根据研究的需要对HHI进行了适当变形来度量HHI的大小，如孙晓华、周玲玲（2013）的相对多样化指数。他们在衡量城市的多样化水平时，参考了Duranton（2001）采用的相对多样化指数方法。该方法来源于赫芬达尔指数，用逆赫芬达尔指数来衡量多样化：

$$HDI_i = 1 \Big/ \sum_{j} S_{ij}^2$$

式中，HDI_i表示逆赫芬达尔指数，这意味着工业城市i多样化指数最低值为1，占全市某一行业的全部的专业化；$1\Big/\sum_{j} S_{ij}^2$为城市i中产业j就业人数在总就业人数占全市的比重。为了方便城市之间的比较，采取比较广泛的指标，具体的形式是：

$$DI_i = 1 \Big/ \sum_j |S_{ij} - S_j|$$

式中，DI_i 代表多样化指数，S_j 表示产业 j 占全国相应产业的比重，DI_i 值越大，显示产业种类越多且分布平均。

颜礁、赵定涛（2012）在研究省级层面的产业多样化对区域创新差异程度的关系时，采用了赫希曼—赫芬达尔指数对产业多样化程度的度量方法，其具体方法是：

$$Div_i = 1 - \sum_{n=1}^{N_i} S_{i,n}^2$$

式中，N_i 表示区域 i 产业的个数，$S_{i,n}$ 为区域 i 第 n 类产业就业人员占全部区域相应产业的比值。所有属于同一类别的就业人数时，该指数达到最低时，任何两个就业不属于同行业。区域内就业或更多类型的就业，在各行业分布较为平均，赫芬达尔指数值越大，表明多样化程度越高。

由于本书运用在各行业的比例衡量就业人口的多样化行业水平，因此需要考虑就业人口规模，笔者参照 Audret S.C.（2010）的方法，在上面的指数中乘以权重 f_i，f_i 为 i 地区与该地区的总人口的比例，这样 Div_i 能够更好地代表产业的程度。

$$Div_i = f_i \times \left(1 - \sum_{n=1}^{N_i} S_{i,n}^2\right)$$

综上所述：本书沿用颜礁、赵定涛（2012）多样化的计算方法，用赫希曼—赫芬达尔指数对产业多样化进行计算，其计算公式是：

$$Div_i = f_i \times \left(1 - \sum_{n=1}^{N_i} S_{i,n}^2\right)$$

式中，N_i 表示城市 i 产业的个数，$S_{i,n}$ 为城市 i 第 n 类产业就业人员占全部城市相应产业的比值，f_i为i城市与中国全部城市的第二、第三产业人口的比例。其理由是：由于城市产业没有现成的统计数据，现需要对产业进行估量，产业数量多少一般与产业员工有直接联系。现在我国产业生产整体水平还不高，还需人力要素完成相关工作，一定程度上形成了人力要素多少与产业数量多少成正比例关系。

六、市场化进程

市场化进程的度量一般采用复合指标参数，即以樊纲和王小鲁为代表的市场化指数；还有是直接度量即非国有工业企业总产值占全部工业企业总产值比重。前者的度量方式，很多学者根据自己的研究需要进行了改进（李忠民、周弘，2007）。

现阶段运用最多的是指数分析方法，市场化进程是由樊纲和王小鲁编制的指数分析方法度量，如刘江会、唐东波（2010）在研究市场化进程对区域经济增长的关系时，用樊纲和王小鲁（2001、2003、2004、2007）设计的中国各地区市场化指数，以考察市场化程度变量。辛清泉、谭伟强（2009）采用了樊纲、王小鲁（2007）编制的各年度各地区的市场化程度指数（刘小勇、何静，2011；孙铮、刘凤委、李增泉，2005）。

李艳丽、赵大丽、高伟（2012）参照樊纲、王小鲁和朱恒鹏（2009）关于市场化进程指数指标，他们采用客观指标衡量各省和直辖市市场化改革的深度和广度，对区域创新能力和知识转移的影响分析。

周杰、薛有志、吴超（2012）选用樊纲（2007）市场化指数（Marketindex）度量方法，分析了市场化进程对企业跨国并购的影响机制研究。

但关于中国地区经济增长的已有文献中，苦于数据的不连续性和不可得性，一些学者在研究时把市场化进程用一个或者两个变量度量，如非国有工业企业总产值占全部工业企业总产值比重；使用国有单位职工占就业人数的比重来控制市场化的影响，其相关学者，如刘勇（2010），王小鲁等（2009），林毅夫、孙希芳（2008），姚先国、张海峰（2008），徐现祥（2007），张晏、龚六堂（2005），沈坤荣、张成（2004）。

表 5-5 市场化进程测度指标体系比较

学者	一级指标	二级指标
陈宗胜（1999）	农户市场化进程（微观层面）	农户生产投入市场化进程测度
		农户产出市场化进程测度
		农户生产经营化的市场化测度
	农业总体市场化进程测度（宏观层面）	农业劳动市场化程度测度
		农业投资市场化测度
		农产品交易市场化测度
		农产品价格市场化测度
顾海兵（2001）	认为市场进度的关键是劳动力，资金、土地产品、劳务市场化，不存在所谓的工商企业市场化与政府行为市场化	
赵彦云、李静萍（2000）	市场经济基本要素	价格市场化
		企业市场化
		社会市场化
	市场发展	商品市场
		劳动力市场
		资本市场
		技术市场
	政府职能市场化	维护市场环境
		参与经济环境

续表

学者	一级指标	二级指标
徐明华 (1999)	非公有制经济从业人员占总从业人员的比重	工业产值中公有制经济的比重
		独立核算工业企业资产中非公有制经济的比重
		独立核算公路、水路和港口企业资产中非公有制经济的比重
		批发零售贸易业网点中非公有制经济的比重
		非公有制经济从业人员占总从业人员的比重
	政府职能转变和政府效率	国内生产总值与政府消费之比
		政府消费占全部最终消费的比重
		国家机关、党政机关和社会团体从业人员占全部从业人员的比重
		国家机关、党政机关和社会团体服务产出值与从业人员之比
		(税收－国有企业利润－国有企业政策性亏损补贴－罚没收入和行政性收费及其他收入)/政府收入
	投资市场化	社会固定资产投资中非公有制经济的比重
		基本建设中非国家预算内资金的比重
		教育经费中非国家财政性教育经费的比重
	商品市场的发育	出口总值占工农业总产值的比重
		批发零售贸易销售总额与工农业总产值的比例
		批发零售贸易业购进总额与工农业总产值的比例
	要素市场发育程度	合同制职工占总职工的比重
		每万人中职业介绍机构数
		技术市场成交额与工业总产值的比例
		第三产业中金融保险业所占比重
		第三产业中房地产业所占比重
	对外开放程度	外贸依存度（进出口总值与国内生产总值之比）
		人均实际利用外资
	经济活动的频度	从业人员占总人口的比重
		每万人批发零售贸易业网点
		每万人工业企业单位数

续表

学者	一级指标	二级指标
樊纲、王小鲁等（2001）	政府与市场的关系	市场分配经济资源的比例
		减轻农村居民的税费负担
		政府对企业控制与干预的减少
	非国有经济的发展	非国有经济在工业总产值中的比重
		非国有经济在全社会固定资产总投资中的比重
		非国有经济就业人数占城镇总就业人数的比例
	产品市场的发展程度	价格由市场决定的程度
		减少商品市场上的地区贸易壁垒
	生产要素市场的发育程度	银行业的竞争
		信贷资金分配的市场化
		引进外资的程度
	劳动力的流动性市场中介组织发育和法律制度环境	市场中介组织的发育
		对生产者合法权益的保护
		知识产权的保护
王萍（2002）	产品市场化	农产品、工业品、服务产品的市场化
	要素市场化	资本、土地、劳动力的市场化
	企业市场化	国有企业、集体企业、非国有企业的市场化
	政府对市场的适应程度	政府从微观领域的退出程度和宏观调控方式由直接转向间接
	经济的国际化程度	贸易依存度和资本依存度
	政府与市场的关系	市场分配经济资源的比重
		政府职能身份转换
		政府退出微观经济指标
张宗益等（2006）	非国有经济的发展	非国有经济在工业产值中的比重
		非国有经济在全社会固定资产总投资中的比重
		非国有经济就业人数占城镇总就业人数的比例
		非国有经济在社会消费品零售总领中的比重
	对外开放的程度	对外贸易开放度
		对外金融开放度
		对外投资开放度

续表

学者	一级指标		二级指标
张宗益等 (2006)	产品市场的发育程度		社会零售商品中价格由市场决定的部分所占的比重
			生产资料中价格由市场决定的部分所占的比重
			农产品收购中价格由市场决定的部分所占的比重
杨晓猛 (2005)	产业结构的调整		三次产业变动状况
			劳动力分布结构
			贡献效率
	所有制结构的调整		非国有经济发展状况
	职能的转变		政府支出情况
			管理效率
	市场竞争与发育		产品及要素市场的发育
			货币与金融体系的发育
			对外开放程度
	经济与社会发展综合评价(方向、力度)	经济总体运行状况(方向)	经济增长
			经济景气程度
		社会保障及福利(力度)	健康安全状况
			受教育程度
			就业状况
			人口压力
			收入支出状况
郝娟 (2006)	政府行为规范化		政府规模
			劳动力流动自由度
			政府对经济的干预
	要素市场的发育		技术成果市场化
			资本市场化
			收入市场化
			金融业市场化
	企业的市场化		非国有企业市场化的程度
			国有企业的运营
	贸易自由度		价格由市场决定的程度
			法律对公平贸易的保护

表 5-6 市场化进程测度方法的比较

学者	数据处理方法	指标测算方法
郝娟（2006）	相对比较法	简单算术平均法
樊纲、王小鲁（2001）	相对比较法	主成分分析法
张宗益等（2006）	相对比较法	加权平均法（权重通过主成分分析法来确定）
杨晓猛（2005）	相对比较法	加权平均法（权重由构造主观比较矩阵来确定）
陈宗胜（1999）	问卷调查法	加权平均法（权重由主观确定和利用农业生产函数测算共同确定）
赵彦云、李静萍（2000）		简单平均方法

资料来源：李忠民、周弘（2007）的《我国市场化进程测度的研究评述》。

综上所述，以上学者都从自身研究角度需要，构造了适合的变量结构，分析了市场化进程的作用和运行机制，但他们研究的角度也有所不同。从研究整体角度考虑，如张宗益等（2006）、王萍图（2006）、杨晓猛（2006）、顾海兵（2001）等。从贸易角度出发分析，如王玉茹等（1999）。从区域角度出发研究，如樊纲等（2001）、王小鲁（2001）、郝娟（2006）、徐明华（1999）。从农业角度出发研究，如陈宗胜、陈胜（1999）。

目前在不考虑时间连续性时，学者们一般采用由樊纲、王小鲁（2001、2005）构造的市场化进程指数（刘江会、唐东波，2010；刘小勇、何静，2011），但该指标由于 1997~1999 年、2000~2001 年、2001~2005 年各时间段选择的测度方法和子指标的选择，以及数据统计口径不一，故数据的整体可信度下降。但是，在目前进行时间段较短的研究时，该指标还是比较完美的。除此之外，还有度量市场化进程的方法：以非国有工业企业总产值占全部工业企业总产值比重（王小鲁等，2009），该比重值越大表明市场化进程程度越大，说明在社会资源分配中政府干预力度越小；比重值越小表明市场化进程程度越小，说明在社会资源分配中政府干预力度越大。该指标由于容易从统计年鉴中查阅，而且数据年限较长，在面板数据做实证分析中经常采用。

鉴于此，选择以非国有企业的工业产值占全部工业总产值的比值来度量市场化进程。比值越大说明市场化进程越大，反之越小。

七、人力资本

在本书后续的建模研究中，模型运用主要是在 C-D 模型基础上建立。考虑到原始模型建立需要人力资本控制变量，故本部分对人力资本变量的度量作一描述。现有的文献度量人力资本变量的方法较多，根据本书研究需要，现主要从数据获取方便、实用、可行性方面考虑选择如下方式度量：人力资本存量（L），本书采用郭琪、贺灿飞（2012）对人力资本的处理办法，用城市内高等院校专任教师数表示。

其理由是：每个城市都有高等教育，专任教师的数量多少只取决于学生数量的多少，学生数量的多少反映了当地人力资本的状况，一般各城市高校的招生人数都是在本城市招生人数最多。

第二节 变量数据来源及相关说明

以上变量数据若无特殊说明，均来源于 1996~2012 年的《中国统计年鉴》以及中经网。

本书在分析多样化变量时，就业人员的分类以 2002 年为分界点，在 1997~2002 年以分行业年底就业人员数有 16 类，即以统计年鉴的排序为：第一产业、采掘业、地质勘查业、水利管理业、批发和零售贸易和餐饮业、金融和保险、房地产业、社会服务业、卫生体育和社会福利、教育文化艺术广播电影电视业、科学研究和综合技术服务业、政府机构以及政治机构和社会团体、其他等共计16类。2003~2011年各地区城镇单位共19个分类。在以前分类的基础上，做了适当的变动，以便统计数据更加合理，具体参照相关年份的统计年鉴。

处理地理距离时，2011~2007年以城区面积计算，但在2007~1997年统计年鉴没有单列城区面积，故用建成区面积代替，尽管会产生一些误差，但不会影响研究的结论。

处理市场分割时，1997~2002年的各城市商品零售价格分类指数按照食品、饮料烟酒、服装鞋帽、中西药品、书报杂志、文化体育用品、日用品、燃料、机电产品等九类产品。由于统计年鉴从2003~2011年在种类细分上发生了变化，本书考虑到数据的一致性，故做了一些调整，以前的中西药品、书报杂志、文化体育用品以及机电产品，用中西药品及医疗保健用品、书报杂志及电子出版物、文化办公用品以及建筑材料及五金电料代替。

本书研究范围是在地理空间的尺度范畴，采用Anselin（1988）开发的软件Geoda0.95i。

第三节 本章小结

本章梳理了主要变量的数据衡量方法，以及工具选择和数据来源三个方面，为后文的计量分析打下基础。

（1）在主要变量的衡量中城市劳动生产率是指城市第二、第三产业的总产值除以第二、第三产业的就业人员之比度量。

经济密度用城市辖区第二、第三产业就业总人数除以城市辖区面积（城区建成区面积）。地理距离采用本城市区域到广东省广州市（经济比较发达地区）的高速公路的自然距离÷本城市内的公路网密度（KM/KM²），自然距离采用搜狗地图上的距离测度方法测量出高速公路里程；公路网密度以本城市区域的等级公路里程（包括一、二、三级）除以该城市的城区面积。市场分割采用价格指数法确定本城市区域的分割指数，然后用本城市区域与相邻城市区域的分割指数取均值而得即是本城市区域的分割指数。多样化界定为赫希曼—赫芬达尔指数对产业多样化的计算，其计算公式 $D_i v_i = f_i \times (1 - \sum_{n=1}^{N_i} S_{i,n}^2)$ 是以城市非国有企业的工业产值占全部工业总产值的比度量市场化进程，用城市区域高等院校专任教师数表示人力资本存量。

（2）对数据来源进行了说明，特别是由于以产业区分就业人员受统计年鉴的影响，如2003年以前为16类，以后变成19类，为了前后统计数据的一致性，本书对就业人员分类进行了适当处理。

（3）分析工具采用Geoda0.95i。

总之，本章通过对变量比较准确界定、数据来源以及计量工具的选择的文献梳理，试图为后文的计量分析提供有益帮助。

第六章 城市劳动生产率的影响因素空间计量分析

在前面章节论述的基础上,本章重点介绍了空间计量方法、实证模型建立、模型检验方法、主要变量统计性描述以及实证模型的检验。

第一节 空间计量方法简介

为了更好地处理城市间的空间相互作用和空间的不均衡结构问题,本书引入了空间计量分析方法。空间计量分析方法是计量经济学的一部分,它与地理学统计和空间统计学相似。

传统的计量统计方法无法解决空间问题,传统的计量方法一般用于观测值非空间关联,处理各自独立的数据。然而现实的经济地理行为往往或多或少都存在一定的关联关系,那种单独的观测数据在现实中几乎不可能存在。在现实的地理空间数据实证分析中,大多数的研究结论都对空间依赖性和非均质性缺乏考虑,但研究的数据却恰恰来源于地理空间的相关数据,因此,由于忽视空间的相关属性而得出的结论值得斟酌。而空间依赖性又分为真实(Substantial)空间依赖性和干扰(Nuisance)空间依赖性,前者主要是由于经济行为如劳动力、资本流动等要素通过相互作用，产生交互影响效应，真实地体现了区域间空间经济要素差异不同的真实成分，是真真切切发生了的东西；而后者来源于测量误差问题，主要是在以地理空间经济行为研究的过程中，由于研究的对象与参考的对象在边界问题存在差异，从而导致毗邻的空间地理单元出现了测量误差。这种空间的非均质性普遍存在于现实的地理结构单元，正是这种地理资源的禀赋差异，在该区域发生的经济行为和创新行为都会存在许多差异。

在进行空间计量实证检验的过程中，一般采取以下步骤，首先，对空间模型进行预检验，确定是否具有空间关联；其次，在确定了模型具有空间关联后，再确定该模型是满足什么类型模型，并采用相应的估计方法进行估计；最后，如果没有表现出空间效应，那么就用一般模型估计方法。常见的空间模型有如下两种。

一、空间滞后模型（SLM）

主要描述了由于时间因素的作用，导致经济观测变量存在一定的滞后性，在一定程度也体现了模型的动态性。模型形式表示为：

$$y = \rho W_y + X\beta + \varepsilon$$

式中，包括解释变量 X 和空间滞后项 W_y，ρ 是空间自回归系数，ε 是误差项向量，W_y 可以估计模型中空间相关的程度，并影响其他变量。

二、空间误差模型（SEM）

主要是描述由于观测值与毗邻区域观测值之间的测量误差而产生的经济行为的不同，空间误差模型可表示为 $Y = X\beta + \varepsilon$，$\varepsilon =$

$\lambda W\varepsilon+\mu$，同时假设误差项 μ 满足条件 $E(\mu)=0$，$Cov(\mu)=\sigma^2 I$。因为误差项 ε 的均值为 0，所以无论 λ 取值如何，均不影响到因变量 Y 的均值的空间误差相关。确定城市间城市劳动生产率差距存在空间相关性与否、选择 SLM 和 SEM 模型哪个比较合适，通常以 Moran's I 的正负值以及 Lagrange Multiplier 和 LMERR、LMLAG 的大小及其稳健程度等形式判断。

判定空间模型选择什么类型模型，一般通过如下方法：首先观察 LMLAG 和 LMERR 二者的统计学的显著性，再比较 R-LMLAG 和 R-LMERR 二者哪个显著，如果 LMLAG 和 R-LMLAG 均显著，那么就选择空间滞后模型；反之，就选择空间误差模型。

目前运用空间经济计量学分析的领域主要如下：

（1）经济收敛。Sandy（2008）以 1989~1999 年的数据实证研究了欧盟结构基金对经济收敛的影响不明显，因此呼吁政府应重新考虑区域经济政策；Lall（2001）用空间固定效应模型，分析了美国经济收敛情况，结果表明，空间异质性和相邻地区人力资本影响了美国经济收敛速度。

（2）税收和投资。Buettner（2001）研究发现，地区的税收率与周边地区具有战略互补性，建议在区域竞争中对较大的行政区设置较高税收率。

（3）土地和房地产。Timothy（2003）在以美国 2000 年亚利桑那州图森市为研究对象，选择了地理权重的空间滞后模型实证分析了价格与地理位置的空间关系，结果显示，二者具有空间异质性。

（4）社会科学研究。公共卫生等方面的研究，通过许多实证检验，空间异质性和空间相互依赖性得到了很好的体现。

国内著名学者吴玉鸣、王立平等把空间计量方法运用到许多领域中进行研究，取得了丰硕的成果（吴玉鸣、何建冲，

2008；吴玉鸣，2006）。鉴于此，目前在研究区域经济的方法运用上，空间计量方法是比较成熟的一种方法。

第二节 计量模型

目前，研究城市劳动生产率的计量模型一般有两种表达方式。

一种是以 Ciccone 和 Hall（1996）为代表，国内许多学者如范剑勇（2006）、刘修岩（2007）均进行了实证检验。但该模型有一个严格的假定前提条件：资本需求与城市产出间存在一个固定比例，故资本存量不在生产函数中体现出来，这是针对经济比较发达的国家，经济发展的速度处于比较平稳时期而提出来的，而我国经济是否能够满足这个假定，还需检验。

另一种是 Henderson（1974）、Sveikauskas（1975）等早期的建模模型（毛丰付、潘加顺，2012），该模型是在国外经济处于高速发展阶段，模型对生产函数规模经济没有严格限制。

现阶段，我国的 GDP 基本上处于 8% 的增长幅度，与西方国家相比，经济增长的速度较快，故采用后者模型，并在原始模型基础上变形而得，其具体模型构建如下：

首先，以 C-D 模型函数为基础构建城市生产函数，表示如下：

$$Y_i = A(\cdot) f(K_i, L_i) \tag{6-1}$$

式中，Y_i 表示第 i 个城市的产出，K_i、L_i 分别表示相应的资本、劳动的直接投入，A 表示城市全要素生产率。而城市全要素生产率 A 的代理变量，重点考虑如下变量对产出的影响。

（1）经济密度。经济密度对城市劳动生产率的影响，许多学者已经进行了研究（柯善咨、姚德龙，2008；陈洁雄，2010；

第六章 城市劳动生产率的影响因素空间计量分析

郭琪、贺灿飞，2012），实证显示二者呈正相关，实证结论比较一致。

（2）地理距离和市场分割。随着经济全球化进程加速，各地都在加大力度进行基础设施建设，特别是高速公路、一级公路的建设，缩短了城市间地理距离。同样随着经济一体化进程加快，各地政府已经高度关注市场分割对城市间经济的影响（郭琪、贺灿飞，2012）。

（3）多样化和市场化进程。各地企业、政府为了实现更大的经济利益，在马歇尔经济外部性作用下，产业结构多样化和市场化进程对经济增长的影响应该比较大，本模型引入以上两个变量，重点考察产业结构和制度层面要素对城市劳动生产率的影响。

鉴于此，本书在全要素生产函数中引入经济密度、地理距离、市场分割、多样化和市场化进程变量。于是式（6-1）变为：

$$Y_i = A(MD_i, JL_i, FG_i, DY_i, SC_i) f(K_i, L_i) \qquad (6-2)$$

现对式（6-2）继续变形后为：

$$Y_i = F\{A(MD_i, JL_i, FG_i, DY_i, SC_i) K_i, L_i\} \qquad (6-3)$$

式中，MD 表示第 i 个城市的经济密度；JL 表示第 i 个城市的地理距离；FG 表示第 i 个城市的市场分割；DY 表示第 i 个城市的多样化；SC 表示第 i 个城市的市场化进程。

接下来对式（6-3）继续进行变形，并假定右边 K_i，L_i 函数以道格拉斯函数为表达式，函数 A（MD，JL，FG，DY，SC）以幂指数的方式表示，于是模型（6-3）可以表述为：

$$Y_i = A_i e^{(a_1 \ln MD + a_2 \ln JL + a_3 \ln FG + a_4 \ln DY + a_5 \ln SC)} K_i^\alpha L_i^{\beta-1} \qquad (6-4)$$

式中，A_i 表示除以上 5 种因素以外的影响参数，α、β 分别表示资本和劳动投入的弹性系数。但因现有文献没有查到我国城市经济规模报酬的情况,故不对 α + β = 1 做一致性要求,为了本书研究需要,现假定 α + β = Φ。又因本书考察目标是城市劳动生产率,故在式(6-4)左右分别除以劳动力(L_i),于是式(6-4)变形为:

$$Y_i/L_i = A_i e^{(a_1 \ln MD + a_2 \ln JL + a_3 \ln FG + a_4 \ln DY + a_5 \ln SC)} K_i^{\alpha} L_i^{\Phi - \alpha - 1} \quad (6-5)$$

对式(6-5)线性变换(两边取对数)并引入时间维度如下:

$$\ln(Y/L)_{it} = \ln A_{it} + a_1 \ln MD_{it} + a_2 \ln JL_{it} + a_3 \ln FG_{it} + a_4 \ln DY_{it} + a_5 \ln SC_{it}$$
$$+ \alpha \ln(K_{it}) + (\Phi - \alpha - 1) \ln L_{it} \quad (6-6)$$

由于经济普查数据库中没有确切的城市资本存量数据,因此无法用式(6-6)直接计算,故需要进行适当修正。借鉴国内学者陈良文、杨开忠、沈体雁等(2008)的处理方法,用城市职工工资水平衡量各城市劳动生产效率,其理由是,单位劳动的产出贡献是通过工资水平体现出来的,同时该修正方法也避免了无法获取城市资本存量数据,也无须用资本存量来控制因变量。国外学者 Sveikauskas(1975)、Segal(1976)、Harris 和 Ioannides(2000)等研究中也采用上述方法,于是有:

$$\ln(wage)_{it} = \ln A_{it} + a_1 \ln MD_{it} + a_2 \ln JL_{it} + a_3 \ln FG_{it} + a_4 \ln DY_{it} + a_5 \ln SC_{it}$$
$$+ (\Phi - \alpha - 1) \ln L_{it} \quad (6-7)$$

本书是在空间计量模型下考察城市劳动生产率的影响因素,于是进一步变形为空间滞后模型(6-8)和空间误差模型(6-9):

$$\ln(wage)_{it} = \ln A_{it} + \rho \omega \ln(wage)_{it} + a_1 \ln MD_{it} + a_2 \ln JL_{it} + a_3 \ln FG_{it}$$
$$+ a_4 \ln DY_{it} + a_5 \ln SC_{it} + (\phi - \alpha - 1) \ln L_{it} + \varepsilon \quad (6-8)$$

$$\ln(wage)_{it} = \ln A_{it} + a_1 \ln MD_{it} + a_2 \ln JL_{it} + a_3 \ln FG_{it} + a_4 \ln DY_{it} + a_5 \ln SC_{it}$$
$$+ (\phi - \alpha - 1) \ln L_{it} + \varepsilon_{it}, \quad \varepsilon_{it} = \lambda w \varepsilon_{it} + \mu_{it} \quad (6-9)$$

在模型(6-8)、模型(6-9)基础上再加上交互性变量,于是构成了本书相应的实证模型(6-10)、模型(6-11),其相关字母符号代表意义见上文。

$$\ln(wage)_{it} = \ln A_{it} + \rho\omega\ln(wage)_{it} + a_1\ln MD_{it} + a_2\ln JL_{it} + a_3\ln FG_{it}$$
$$+ a_4\ln DY_{it} + a_5\ln SC_{it} + a_6 SC\times MD_{it} + a_7 SC\times JL_{it} + a_8 SC$$
$$\times FG_{it} + a_9 DY\times MD_{it} + a_{10} DY\times JL_{it} + a_{11} DY\times FG_{it}$$
$$+ (\phi-\alpha-1)\ln L_{it} + \varepsilon_{it} \qquad (6-10)$$

$$\ln(wage)_{it} = \ln A_{it} + a_1\ln MD_{it} + a_2\ln JL_{it} + a_3\ln FG_{it} + a_4\ln DY_{it} + a_5\ln SC_{it}$$
$$+ a_6 SC\times MD_{it} + a_7 SC\times JL_{it} + a_8 SC\times FG_{it} + a_9 DY\times MD_{it}$$
$$+ a_{10} DY\times JL_{it} + a_{11} DY\times FG_{it} + (\phi-\alpha-1)\ln L_{it} + \varepsilon_{it}, \varepsilon_{it}$$
$$= \lambda W\varepsilon_{it} + \mu_{it} \qquad (6-11)$$

第三节 城市劳动生产率数据统计性描述分析

一、全国城市劳动生产率的总体描述性特征

从总体数据特征看，1997~2011年，全国城市劳动生产率的均值呈逐年上升态势。2011年的均值是1997年的6.37倍，平均年均城市劳动生产率递增2363.187元；标准差也逐年呈上升趋势，2011年的城市劳动生产率是1997年的6.2495倍，年均递增1117.478元；变异系数最大值是0.526（2003），最小值是0.4746（2011）。变异系数的考察年限变动是非线性趋势，两者极值相差0.051，最大值比最小值多0.0972，即为9.72个百分点，而最大、最小值的年度变化都是呈现上升趋势，最小值2011年比1997年净增27835元，年均递增1855元，最大值2011年比1997年净增65606元，年均递增4373.733元，如表6-1所示。

中国城市劳动生产率影响因素研究

表6-1 城市劳动生产率（城镇在岗职工的工资）的描述性统计特征

年份	观察值	均值	标准差	变异系数	最小值	最大值
1997	31	6591.484	1.17841	0.80023	4889	11425
1998	31	7517.968	1.09395	0.81053	5384	13580
1999	31	8424.548	1.05341	0.79617	6065	16641
2000	31	9470.387	1.05461	0.80436	6918	18531
2001	31	11110.13	1.03529	0.81429	7908	21781
2002	31	12709.32	0.96398	0.8304	9174	24766
2003	31	14248.65	0.9347	0.78628	10397	27304
2004	31	16212.06	0.97763	0.81138	11855	30873
2005	31	18311.35	0.96137	0.80767	13688	34345
2006	31	20545.52	0.97137	0.83767	15370	39684
2007	31	24642.32	1.00208	0.81944	18144	45823
2008	31	31275.48	0.991	0.81411	21160	57025
2009	31	32636.32	0.96467	0.79364	24696	63549
2010	31	37141.87	0.95698	0.79595	29092	71874
2011	31	42039.29	1.57843	1.21381	32724	77031

资料来源：以上数据经过整理而得，数据来源相关《中国统计年鉴》。

二、主要自变量的总体描述性特征

表6-2 经济密度的描述性统计特征

年份	观察值	均值	标准差	变异系数	最小值	最大值
1997	31	1.4726	0.8160	0.5541	0.4008	2.5592
1998	31	1.3497	0.7678	0.5689	0.3844	2.3397
1999	31	1.3231	0.7254	0.5482	0.4036	2.2488
2000	31	1.3111	0.7343	0.5601	0.4688	2.2905
2001	31	1.2714	0.7301	0.5742	0.4878	2.2838
2002	31	1.1609	0.6929	0.5968	0.0225	1.9013
2003	31	1.1888	0.6345	0.5338	0.5739	2.2736
2004	31	1.2049	0.6869	0.5701	0.5827	2.6342

第六章 城市劳动生产率的影响因素空间计量分析

续表

年份	观察值	均值	标准差	变异系数	最小值	最大值
2005	31	1.1903	0.6948	0.5471	0.5602	2.5382
2006	31	1.1903	0.6798	0.5630	0.5481	2.4545
2007	31	1.2229	0.7111	0.5815	0.5543	2.7174
2008	31	1.2173	0.6987	0.5740	0.5244	2.6891
2009	31	1.2155	0.6619	0.5445	0.5040	2.4562
2010	31	1.2023	0.6588	0.5479	0.4968	2.6081
2011	31	1.3004	1.3884	1.0677	0.1364	5.9544

资料来源：以上数据经过整理而得，数据均来源于相关《中国统计年鉴》。

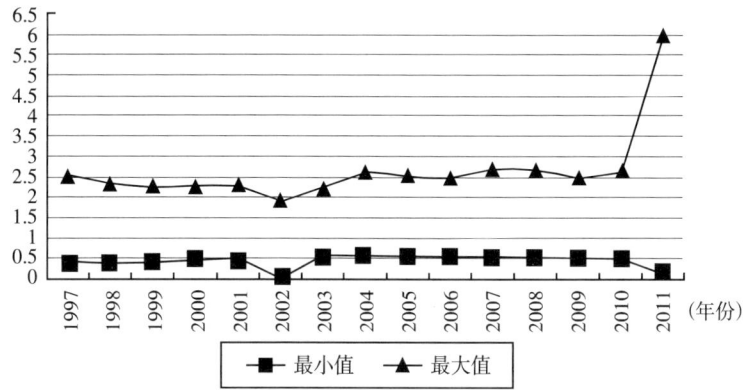

图 6-1 经济密度的最大值和最小值的统计折线图

从整体经济密度数据特征来看，最大值和最小值的折线图基本是平衡的（见图 6-1），二者的年度差距幅度基本稳定，从单个年度极值看，1997~2001 年，二者的走势稳定，基本保持平衡，但到了 2002 年最小值是 0.0225，最大值是 1.9013，均低于前期稳定值，2002~2003 年又恢复到 2002 年前的稳定状态，这样的发展态势一直延续到 2010 年。在此之间，最小值基本保持不变，但有下降趋势。而最大值则在此之间有较小范围的波动，但幅度都很小。2011~2012 年则出现反弹的趋势，最大值上扬，最小值却下降且幅度还较大，总之，从折线图来看，数据显示平稳，2002年和2011年的数据发生拐点，估计是由于在2002年产业结构调整，第二、第三产业的就业人员转移以及2011年经济发生较好情况，就业人员增加导致数据一些波动情况。

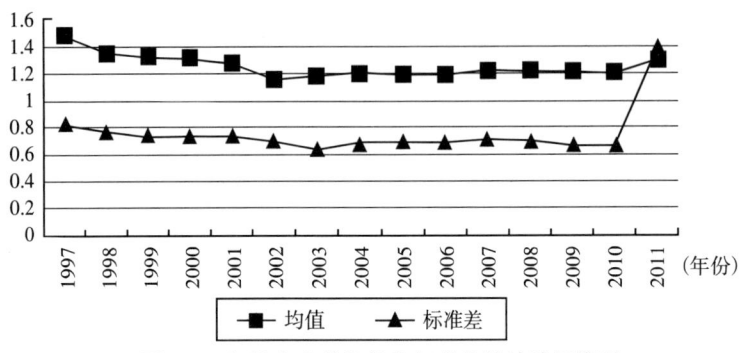

图6-2 经济密度的均值和标准差的统计折线图

从经济密度的均值和标准差折线图比较清楚地知道（见图6-2），二者走势基本是平行线，且二者的幅度也趋于固定，1997~2002年，二者有下降趋势，但在1997~1999年下降幅度稍微有点偏快，1999~2001年逐渐趋缓，然后又减速下降到2002年均值为1.1609和标准差为0.6929。2002~2011年这段时间二者基本保持一直水平线条，且幅度稳定，但到2011年却一反常态，二者双双向上，均值上升的幅度更大。从上面的分析看，经济密度的均值和标准差波动幅度不大，反映经济密度相对离散程度不大。

表6-3 地理距离的描述性统计特征

年份	观察值	均值	标准差	变异系数	最小值	最大值
1997	31	46.8515	61.6656	1.3162	6.1404	196.3247
1998	31	47.2001	67.1491	1.4226	6.3467	208.9612
1999	31	42.6894	56.2752	1.3182	4.8083	202.4358
2000	31	42.1455	55.5777	1.3187	4.7413	197.8488
2001	31	40.3397	50.3281	1.2476	4.6472	183.2153

续表

年份	观察值	均值	标准差	变异系数	最小值	最大值
2002	31	42.4320	56.3210	3.8167	4.7162	223.1951
2003	31	43.6350	56.5207	1.2953	5.4007	183.9550
2004	31	44.0912	58.6133	1.3294	5.5556	180.9073
2005	31	44.6366	59.4253	1.3313	6.0692	182.6393
2006	31	34.2067	47.4031	1.3858	7.8107	136.6920
2007	31	33.1307	48.0725	1.4510	7.9391	138.3814
2008	31	33.0000	48.0223	2.1527	16.7043	214.0029
2009	31	29.4540	47.8721	2.2560	14.2156	207.9789
2010	31	29.3140	47.7540	2.2862	13.6590	243.9459
2011	31	28.3864	47.5250	2.3020	13.3137	241.3850

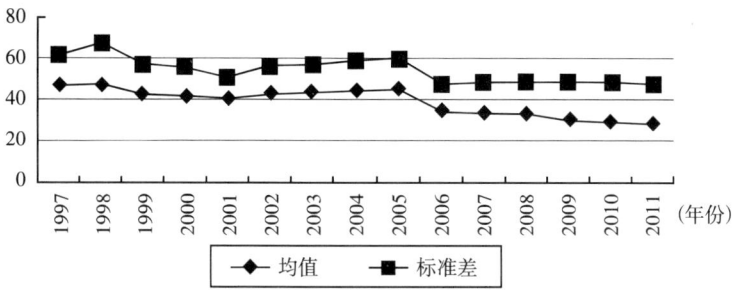

图 6-3 地理距离的均值和标准差的统计折线图

从图 6-3 地理距离的均值和标准差折线图可知，二者比较规则，1997~2001 年标准差表现先升后有所下降，但到 2001 年便稍微升到 2005 年（59.4253），然后到又陡降到 2006 年（47.4031），然后几乎一路平行到 2011 年。而均值的整个变动幅度与标准差较小，1997~2005 年，只有 1998 年稍微波动了一下，随后趋于比较平稳，到 2005 年便形成一个拐点下降到 2006 年（34.2067），以后便趋于平缓稍有下降之势，滑到 2011 年也没有形成拐点。整体上看，除几个波动幅度较大的点外二者均表现平稳，离散程度不大。

中国城市劳动生产率影响因素研究

从图 6-4 可知，地理距离的最大值与最小值相差较大，最小值内部相差值 12.0571，而最大值内部相差值 104.6930，最小值整体比较平稳。但最大值表现不规则，1997~2001 年整体平稳，但到 2001 年便陡升到 2002 年的 223.1951，随后迅速下降到 2005 年，然后下滑到 2006 年后平行到 2007 年又上升到 2008 年，之后一直稳步发展到 2010 年，一直到 2012 年没有出现拐点。

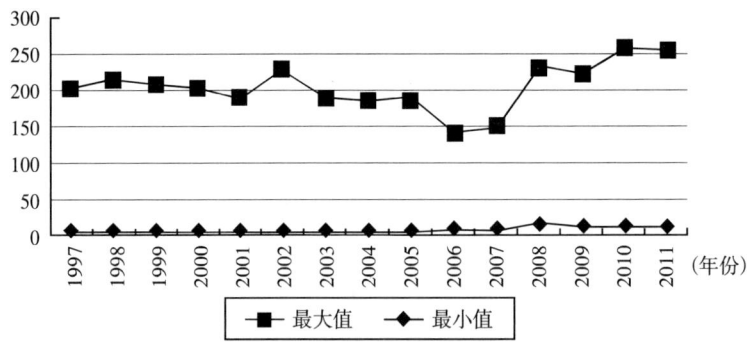

图 6-4 地理距离的最大值和最小值的统计折线图

表 6-4 多样化的描述性统计特征

年份	观察值	均值	标准差	变异系数	最小值	最大值
1997	31	0.1770	0.1232	0.6957	0.0485	0.4157
1998	31	0.1633	0.1084	0.6641	0.0459	0.3916
1999	31	0.1616	0.1065	0.6592	0.0482	0.3851
2000	31	0.1614	0.0953	0.5907	0.0561	0.3579
2001	31	0.1643	0.0961	0.5847	0.0633	0.3592
2002	31	0.1926	0.1034	0.5370	0.0955	0.4606
2003	31	0.2235	0.3216	0.0002	0.1300	0.4911
2004	31	0.2330	0.1015	0.4355	0.1383	0.5072
2005	31	0.2442	0.1011	0.4139	0.1497	0.5080
2006	31	0.2543	0.1037	0.4080	0.1582	0.5204
2007	31	0.2593	0.1286	0.4961	0.0285	0.5833
2008	31	0.2757	0.1165	0.4224	0.1620	0.5983
2009	31	0.2904	0.1218	0.4193	0.1650	0.6226
2010	31	0.2983	0.1149	0.3851	0.1685	0.5866
2011	31	0.3483	0.5467	1.5698	0.0263	2.3422

第六章 城市劳动生产率的影响因素空间计量分析

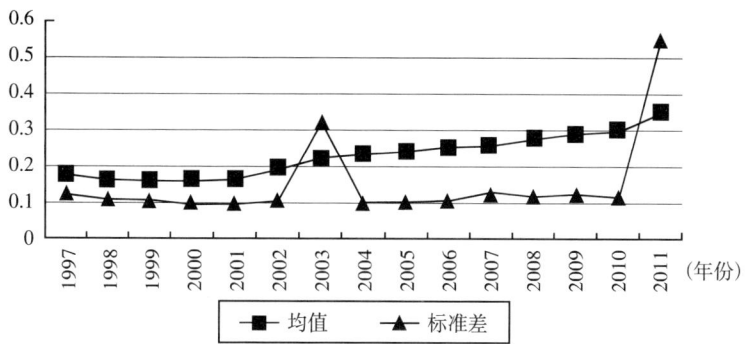

图 6-5 多样化的均值和标准差的统计折线图

从图 6-5 多样化的均值和标准差可知，整个数据走势比较平滑，特别是均值，而标准差有两个拐点，从 1997 年开始标准差几乎都是按照一个稍微上升的趋势在上滑，但从 1997 年到 2002 年几乎处于平滑态势，2002 年后便向上升到 2003 年最高点，然后又下降到 2004 年的 0.1015，便处于缓慢的趋势一直向上滑到 2010 年的 0.1149，在此形成拐点后，陡升至 2011 年成为最高点（0.5467）。

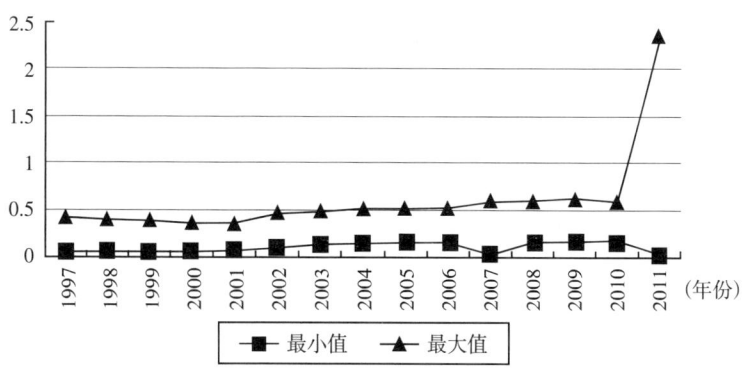

图 6-6 多样化的最大值和最小值的统计折线图

从多样化的最大值和最小值的折线图可以看出（见图 6-6），二者的走势基本平稳，但相差幅度值逐渐加大。从 1997 年最小值一直缓慢向上前行到 2006 年的最高点，然后便下滑到最低点

2007年，到2008年上升到0.1620，一路平稳前行到2010年又下滑到2011年的最低点；最大值从1997年平稳滑到2000年，然后稍微上升到2002年又一直滑到2007年，又继续上升前行到2010年（0.5866），在此形成拐点后直接上升到最大值2011年，与最小值刚好反向。

表6-5 市场化进程的描述性统计特征

年份	观察值	均值	标准差	变异系数	最小值	最大值
1997	31	0.6357	0.2468	0.3882	0.2813	0.9105
1998	31	0.3436	0.2702	0.7863	0.1083	0.7351
1999	31	0.2708	0.7682	0.6592	0.1012	0.7720
2000	31	0.3668	0.2724	0.7427	0.1089	0.8042
2001	31	0.3914	0.2739	0.6996	0.1272	0.8484
2002	31	0.4211	0.2706	0.6426	0.1685	0.8586
2003	31	0.4509	0.2721	0.6035	0.1083	0.7351
2004	31	0.3516	0.3006	0.6666	0.0560	0.8469
2005	31	0.4992	0.2699	0.5407	0.1750	0.8528
2006	31	0.5285	0.2720	0.5147	0.1663	0.8618
2007	31	0.5571	0.2691	0.4831	0.1981	0.8759
2008	31	0.5831	0.2599	0.4457	0.2120	0.8864
2009	31	0.6012	0.2520	0.4191	0.2226	0.8916
2010	31	0.6098	0.2473	0.4056	0.2163	0.8927
2011	31	0.6141	0.2642	0.4303	0.2026	0.8912

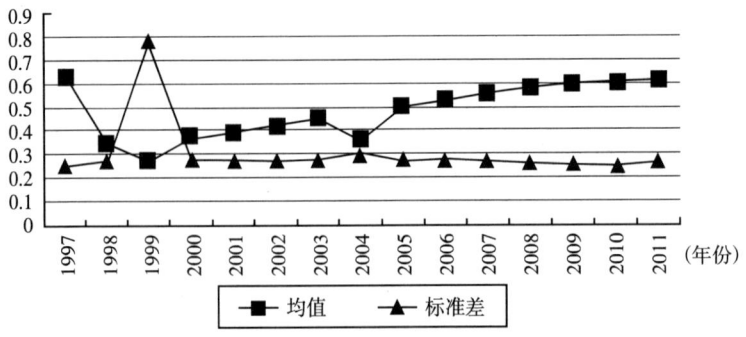

图6-7 市场化进程的均值和标准差的统计折线图

从图 6-7 折线图可知：二者走势的步调基本一致，从 1997 年的均值 0.6357 开始，一路低走到 1999 年的最低点（0.2708），然后便向上至 2003 年的 0.4509，又开始下降到 2004 年的 0.3516，而后便转向上升一路平滑到 2011 年的 0.6141；标准差从 1997 年的 0.2468 开始上升到 1998 年的最低点（0.2702），立即形成拐点向上升到最高点 1999 年的 0.7682，又立即下降到 2000 年的 0.2739 后逐渐趋于缓和，到 2003 年又开始小幅上升到 2004 年（0.3006）形成拐点后，然后一路下降到 2011 年。总体看来，数据的离散程度相对不大，趋于集中。

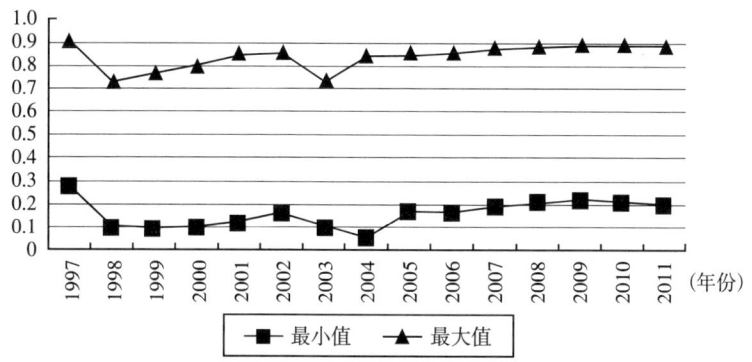

图 6-8 市场化进程的最大值和最小值的统计折线图

从图 6-8 折线图而知，市场化进程的最大值和最小值的整体走势相似，步调也一致，二者都是在 1997 年开始便呈低开走势到 1998 年的较低点（最小值 0.1083、最大值 0.7351），然后缓慢上升到 2003 年的拐点（最小值 0.1083、最大值 0.7351），便又下降到 2004 的拐点（最小值 0.0560、最大值 0.8469），然后又上升到 2005 年一路平滑到 2011 年，2012 年不会形成较大的波动，整体看二者变化不大，趋于稳定。

表 6-6 市场分割的描述性统计特征

年份	观察值	均值	标准差	变异系数	最小值	最大值
1997	31	0.00141	0.00277	1.96229	0.00006	0.01539
1998	31	0.00094	0.00150	1.58762	0.00014	0.00845
1999	31	0.00053	0.00045	0.84621	0.00015	0.00231
2000	31	0.00054	0.00047	0.87781	0.00013	0.00249
2001	31	0.00087	0.00058	0.66869	0.00024	0.00266
2002	31	0.00091	0.00062	0.68453	0.00029	0.00315
2003	31	0.00058	0.00043	0.74934	0.00014	0.00194
2004	31	0.00037	0.00027	0.74844	0.00006	0.00133
2005	31	0.00037	0.00029	0.79649	0.00009	0.00130
2006	31	0.00035	0.00029	0.81821	0.00006	0.00126
2007	31	0.00038	0.00022	0.58040	0.00008	0.00112
2008	31	0.00042	0.00021	0.50098	0.00009	0.00116
2009	31	0.00098	0.00053	0.53742	0.00037	0.00275
2010	31	0.00059	0.00038	0.63864	0.00019	0.00189
2011	31	0.00048	0.00023	0.47495	0.00021	0.00105

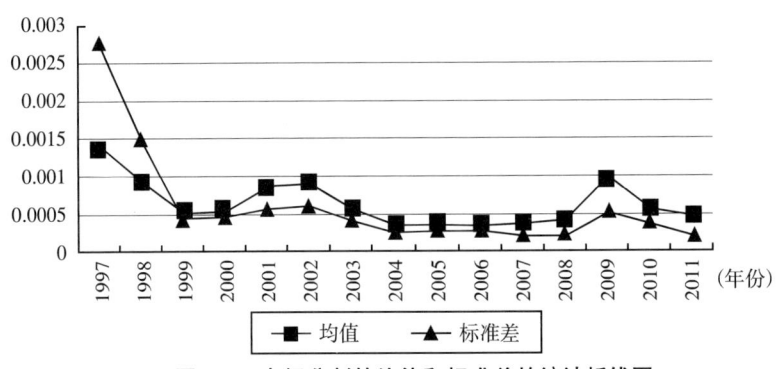

图 6-9 市场分割的均值和标准差的统计折线图

从图 6-9 的折线图可知，市场分割的均值和标准差从 1997 年的最高点下降到 2011 年的最低点，到 2012 年还会较低，从整个市场分割的均值和标准差看来，1997 年高开低走一直下滑到

1999 年（标准差 0.00053、均值 0.00045），平滑到 2000 年后又上升到 2001 年，然后下滑到 2008 年。这期间二者波动幅度不大，在 2008 年短暂停留后继续上升到 2009 年的又一个高点（标准差 0.00098、均值 0.00053），然后下滑。从上面的分析过程看，除 1997 年、1998 年的均值和标准差数据较大，其余年份数据的波动幅度不大，整体趋于平稳。

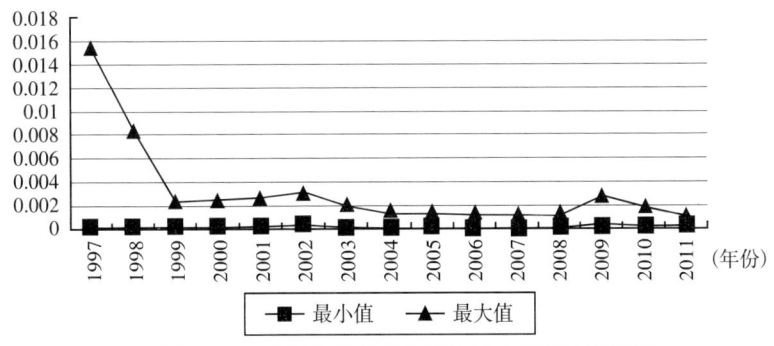

图 6-10　市场分割的最大值和最小值统计折线图

从图 6-10 折线图可知，市场分割的最大值从 1997 年的 0.01539 下滑到 1999 年的 0.00231，然后平稳一路走到 2002 年，而后下滑到 2004 年后，又平滑到 2008 年的 0.00116，然后上升到 2009 年后又下滑到 2011 年的 0.00105，2012 年的值还会低；最小值在整个考察期间几乎是一条平行线，以上二者变化幅度较小，数据离散的程度也较小。

第四节 城市劳动生产率的影响因素空间计量分析

一、空间计量经济学的模型检验

通过对已有文献回顾，目前普遍有如下几种方法确定模型是否具有空间相关性，一是 Moran 指数（Moran's I），二是 Ripley 指数（Ripley's K），三是 Geary 系数（Geary's C），四是连接数分析（Join Count Analysis），五是 Getis 的 G 统计量（Getis' G）。绝大多数在测度空间自相关性时，一般通过 Moran'I、LM-Error 及 LM-Lag 等检验空间效应。目前检验采用 Moran（1950）提出的方法居多，因为该方法计算简单、易操作，只需要 OLS 估计或非线性优化即可回归。Moran's I 的大小是判断是否存在正负相关的依据，如果其值为 0，就不必建立空间计量模型，反之则可。自相关指数 Moran's I 检验的表达式为：

$$\text{Moran's I} = \sum_{i}^{n}\sum_{j}^{n} W_{ij}(Y_i - \overline{Y})(Y_j - \overline{Y}) / S^2 \sum_{i}^{n}\sum_{j}^{n} W_{ij}$$

式中，Y_i 表示第 i 城市的城市劳动生产率的观测值，Y_j 表示第 j 个城市的城市劳动生产率的观测值，n 为城市总数，$\overline{Y}$ 为城市的城市劳动生产率观测值的平均水平，W_{ij} 为邻接空间权值矩阵，通常以空间相邻矩阵来表示空间权值矩阵的空间位置效应，该矩阵建立在二进位空间相邻单位概念的基础上，相邻结构由 0 和 1 两个数值表示，一般相邻标准的 W_{ij} 为局域性关联。邻接矩阵由下式定义：如果 i 和 j 为相邻的城市，那么 W_{ij} 等于 1；如果 i 和 j 不相邻，那么 W_{ij} 为 0。其中，i = 1，2，…，N；j =

1，2，…，M，M = N 或 M≠N，Moran's I 大小范围在［-1，+1］。如果跨城市的经济活动在空间呈正相关，那么 Moran's I 值应为正；若跨城市的经济活动在空间为负相关，则 Moran's I 值应为负。通过绘制空间相关系数 Moran's I 的象限散点图能反映多个城市的劳动生产率的分布情况，现分四个象限相关的模式确定城市及其与周边城市的相邻关系，如图 6-11 所示。

城市劳动生产率高的城市 被城市劳动生产率低的城市包围	城市劳动生产率高的城市 被城市劳动生产率高的城市包围
城市劳动生产率低的城市 被城市劳动生产率低的城市包围	城市劳动生产率低的城市 被城市劳动生产率高的城市包围

图 6-11　Moran's I 指数空间相关性象限图

第一和第三象限显示正的空间自相关，表示所观察到的值之间的类似的空间连接；而第二、第四象限表示负的空间自相关，表示所观察到的值之间的不同的空间连接，如果观测值均匀地分布在四个象限中，则该城市之间不存在空间自相关。

二、空间计量经济学的模型估计

空间因素难免会影响估计回归系数，空间自回归模型作为独立变量的内生性，采用最小二乘法进行估计有失偏颇，或者结论根本不可信。尽管针对空间计量模型回归系数的估计和检验的方法不唯一，例如 Anselin（1990），Kelejian、Prucha（1999）等国外学者采用了广义矩估计（GMM）、工具变量法（IV）等方法对空间计量模型进行了估计，这种方法得到了学者们的普遍赞同，在理论界产生了很大的共鸣。但本书考虑到估计方法简单和实用，采用极大似然法估计 SLM 和 SEM 模型参数。

然而在模型的选择上，到底怎么选定具体的实证模型？美国著名学者 Anselin（2004）最早采取了如下方法，并成功地进行了许多实证检验：首先确定 Moran's I 指数是否显著；其次在显著的前提条件下，观察最大似然 LM-Lag 检验的显著情况，同时 LM-Error 检验的显著情况不如 LM-Lag 检验；最后看 R-LM-LAG 稳健是否优于 R-LMERR，如果前者明显优于后者，则选择空间滞后模型（SLM），如果以上数据刚好相反，那么就选择另一种空间模型。在确定总体模型是否显著以及 R^2 的总体值较大要求以外，还需较大的自然对数似然函数值（LogL）（Anselin，1998），AIC 和 SC 值越小，则模型拟合效果越好。

三、空间计量实证分析

劳动生产率的空间相关性的城市 Moran's I 指数分析。在分析空间相关性时，一般有两种方式：一种是全域 Moran's I 指数；另一种是局域 Moran's I 指数。全域 Moran's I 指数能检验各城市的城市劳动生产率，在整体上表现出显著的空间自相关性，但无法反映城市的城市劳动生产率的局域空间集聚性，同时也不能说明局域空间自相关性特征。鉴于此，本书用 Moran's I 散点图（MSP）与 LISA 集聚分析方法说明城市劳动生产率的局域空间相关方法。在运用局域 Moran's I 散点图时，需要建立空间权值矩阵，常见的空间权值有三种：

（1）二进制邻近的 Rook 邻近和 Queen 邻近空间权值方法。也是目前学者采用较多的方法，因为这两种方法能够比较清楚容易反映区域间的临界分布状况。通常 Rook 二进制邻近矩阵具有东南西北四个区位，它普遍用于相对规则的具有共同边界的相邻区域，而 Queen 二进制邻近矩阵不仅包括东南西北外，还有四个角落邻接区域，一共八个邻居，它弥补了 Rook 的不足。Queen 不但可以用于具有共同边界的区域，而且还可以把四角相邻的点区域考虑在一起，避免了相邻角落区域（Corner Neighbors）

所造成的丢失情况。

（2）K-neares邻近。

（3）d距离阈值。

后两者相对运用较少。

鉴于此，本书以二进制 Rook 邻近为空间权值生成权重文件，然后对每年的城市劳动生产率的自相关指数 Moran's I 进行测算。表 6-7 是每年的 Moran's I 测算值，其 Moran's I 值基本都在 0.2600 左右，结果表明每年都具有明显的空间正相关性。

表 6-7 各年份的 Moran's I 的测算值

年份	1997	1998	1999	2000	2001	2002	2003	2004
Moran's I	0.2591	0.2621	0.2644	0.2331	0.2451	0.2732	0.2578	0.2326
年份	2005	2006	2007	2008	2009	2010	2011	
Moran's I	0.2454	0.2412	0.2522	0.2633	0.2615	0.2519	0.2711	

鉴于 Geoda0.95i 软件适用于截面数据，现对数据进行适当的整理，对所有年份数据取其年度平均值，作为本书的实证分析数据。其具体 Moran's I 值和局域 Moran's I 散点图如下：Moran's I = 0.2691（表现出了显著的空间正相关性），与前面各年的 Moran's I 值不相上下。

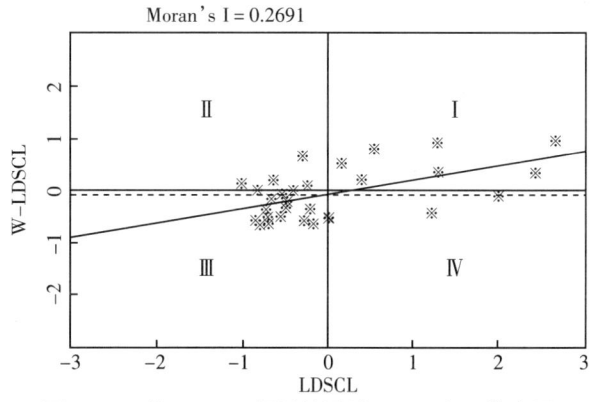

图 6-12 基于 Rook 邻近的局域 Moran's I 散点图

在图 6-12 中，位于第一象限的城市：天津、北京、上海、河北、浙江、江苏、福建共 7 个省份，其城市劳动生产率表现为高增长的城市被高增长的城市所包围（High-High，高—高集聚）；位于第二象限的城市：云南、新疆、江西、海南、广西、河北，其城市劳动生产率表现为低增长的城市被高增长的城市所包围（Low-High，低—高集聚）；位于第三象限的城市：重庆、山西、山东、内蒙古、吉林、辽宁、湖南、贵州、湖北、黑龙江、河南、甘肃、安徽、陕西共 14 个城市，其城市劳动生产率表现为低增长的城市被低增长的城市所包围（Low-Low，低—低集聚）；位于第四象限的城市只有西藏、广东 2 个城市，其城市劳动生产率表现为高增长的城市被低增长的城市所包围（High-Low，高—低集聚）。另外宁夏在第三、第四象限之间的象限轴上，四川在第二、第三象限的水平线上。从象限分布情况看，中国各个城市劳动生产率具有正向空间关联性。

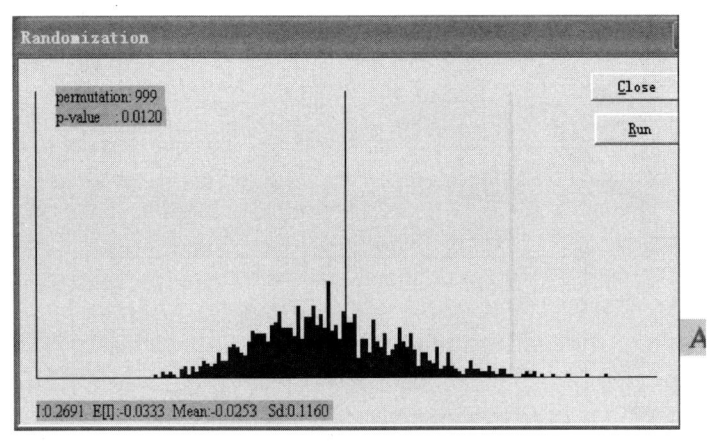

图 6-13 EB 调整后序列经验分布

从图 6-13 的序列经验分布可知：P=0.012，运行 999 次并稳定下来，表示城市劳动生产率的空间异质性比较显著，与图 6-12 的局域 Moran's I 散点图显示结果基本一样，从而更加验证了城市劳动生产率的正相关性和空间异质性。

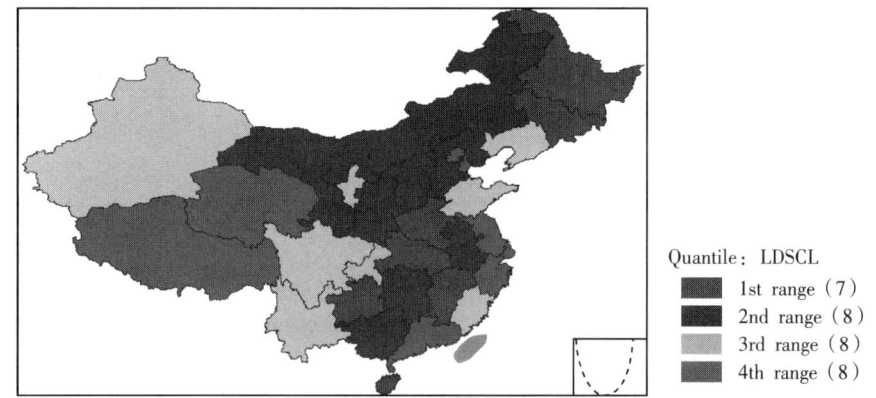

图6-14 LISA聚集地图城市劳动生产率

图6-14用不同的颜色表示不同的空间自相关类型。这四种颜色如图中图例所示：紫色表示高—高，深绿色表示低—低，黄色表示高—低，红色表示低—高。这四种类型对应于Moran's I散点图中的四个象限，该散点图显示了在城市劳动生产率的空间分布上，存在着紫色区域与紫色区域相邻、深绿色区与深绿色区相邻的，显著的正向空间异质性相关的特征。

城市的城市劳动生产率的空间计量模型估计与结果分析：

根据以上对空间自相关指数和LISA聚集地图所进行的相关分析，表明了城市劳动生产率具有比较明显的空间自相关性，但还不能明确显示相关影响因素对城市的城市劳动生产率的影响大小。上面的理论分析和实证数据研究表明，把空间要素纳入到回归模型中进行分析，可以很好地解决这一问题。现对城市劳动生产率的影响因素建立空间计量模型，以估计其对城市的城市劳动生产率的影响状况。

首先，对全部变量建模并生成权重文件（以Rook权重），然后用普通最小二乘法（OLS）进行误差估计，其空间的Moran's I

指数检验结果如表 6-8 所示，普通最小二乘法回归残差存在较强的正向空间相关性（Moran's I 大于 0）。为了辨别计量模型是空间滞后模型还是空间误差模型，对表 6-8 中的 OLS 估计结果做进一步分析。

表 6-8 空间权值矩阵（Rook）的 OLS 结果

TEST	MI/DF	VALUE	PROB
Moran's I (error)	0.1344	2.3906	0.0168**
Lagrange Multiplier (lag)	1	9.6452	0.0019***
Robust LM (lag)	1	9.3233	0.0023***
Lagrange Multiplier (error)	1	1.1954	0.2742
Robust LM (error)	1	0.8735	0.3500
Lagrange Multiplier (SARMA)	2	10.519	0.0052***

注：*、**、*** 分别代表在 10%、5%、1%的水平上显著。

通过对表 6-8 的 OLS 回归结果分析，Lagrange Multiplier（滞后模型）的显著性水平为 0.0019，与此对比的 Lagrange Multiplier（误差模型）的 P 值为 0.2742，没有通过显著性检验。同时，Robust LM（滞后模型）的显著性检验的 P 值为 0.0023，而 Robust LM（误差模型）的 P 值为 0.35，不显著。由此可见，前者相对于后者较为显著，故选择空间滞后模型（SLM）比较合适。接下来，根据上面分析的结果，笔者对模型进行空间滞后模型分析（SLM），但为了考察相关变量以及变量间的交互作用对城市劳动生产率的影响，采用逐一增加变量的方法，其分析结果如表 6-9 所示。

表 6-9 空间权值矩阵（Rook 一阶）的不同变量的模型（SLM）计量结果

变量	模型一	模型二	模型三	模型四	模型五
常数项	11.271*** (0.00)	12.432*** (0.00)	13.031*** (0.00)	9.188** (0.00)	8.860*** (0.00)
ln(L)	−0.103** (0.017)	−0.119*** (0.004)	−0.129*** (0.000)	−0.095*** (0.003)	−0.101*** (0.000)

续表

变量	模型一	模型二	模型三	模型四	模型五
ln（MD）	0.231** (0.047)	0.064 (0.640)	−0.089 (0.497)	0.176 (0.383)	0.131*** (0.000)
ln（JL）	−0.233*** (0.000)	−0.109 (0.177)	−0.052 (0.483)	−0.292*** (0.007)	−0.773*** (0.000)
ln（FG）	0.191*** (0.007)	0.202*** (0.003)	0.244*** (0.000)	−0.087 (0.490)	0.184 (0.440)
ln（DY）		0.346** (0.048)	0.281** (0.070)	0.266*** (0.041)	0.398 (0.761)
ln（SC）			0.237*** (0.003)	−0.440*** (0.002)	0.463** (0.013)
(SC×MD)				0.263 (0.146)	0.150 (0.325)
(SC×JL)				0.238** (0.021)	0.220*** (0.006)
(SC×FG)				−0.351*** (0.008)	−0.246** (0.035)
(DY×MD)					0.612*** (0.000)
(DY×JL)					0.308*** (0.000)
(DY×FG)					0.203 (0.227)
R^2	0.64	0.68	0.75	0.83	0.91
LogL	15.13	16.98	21.00	26.54	36.60
AIC	−18.23	−19.96	−25.99	−31.07	−45.19
SC	−9.66	−9.92	−14.52	−15.30	−25.12
误差的正态性检验 BreuSC-Pagan test	3.280 (0.512)	3.694 (0.594)	8.672 (0.193)	3.265 (0.953)	3.276 (0.993)

注：括号里的数字为P值；*、**、***分别代表在10%、5%、1%的水平上显著。

从图6-12的局域Moran's I散点图可知Moran's I = 0.2691，显示了较强的空间自相关特征。换句话说：城市劳动生产率较高的城市与其较高的城市相毗邻，城市劳动生产率较低的城市，其周边城市的城市劳动生产率相对较低。这种影响的大小可以通过以下的回归分析具体说明：表6-9是根据本书的基本模型和扩展模型而得，利用中国 31 个城市 1997~2011 年的平均年度数据而生成的截面数据，运用 ML 估计方法，实证模型回归效果明显变好。R^2 从 0.64 上升到 0.91，LogL 从 15.13 上升到 36.60，AIC 从 -18.23 下降到 -45.19，SC 也从 -9.66 下降到 -25.12。下面具体分析一下各个模型的回归情况。

(一) 模型一

$$\ln(wage) = 11.271 - 0.103\ln(L) + 0.231\ln(MD) - 0.233\ln(JL) +$$
（0.00） （0.017） （0.047） （0.000）
$$0.191\ln(FG)\text{[①]}$$
（0.007）

模型一中只考虑了控制变量当地人力资本存量（L），基本变量经济密度（MD）、地理距离（JL）、市场分割（FG），回归结果表明每个变量都显著，其值分别为 -0.103、0.231、-0.233、0.191，一般情况下人力资本存量（L）应该是正相关，但数据显示为负相关，表明人力资本的绝对数在下降，单位人力资本的产出在上升；经济密度与假设一致，假设成立，但数据显示为 0.231，与郭琪、贺灿飞（2012）测算的经济密度（0.6465）相比偏小，估计是选择的样本不一样；地理距离（JL）系数是 -0.233，验证了假设成立，并且显著；市场分割（FG）系数是 0.191，尽管与假设呈相反的方向，但与陆铭、陈钊（2009）认为市场分割有利经济的发展观点相同。

(二) 模型二

$$\ln(wage) = 12.432 - 0.119\ln(L) + 0.064\ln(MD) - 0.109\ln(JL) +$$
（0.00） （0.004） （0.640） （0.177）

---

① 括号中的数表示 "P" 值。

$$0.202\ln(FG) + 0.346\ln DY^{①}$$
$$(0.003) \quad (0.048)$$

在模型一中加入多样化变量，结果显示拟合程度加大，R^2 从原来 0.64 上升 4 个百分点变为 0.68，但地理距离已不显著；经济密度变量下降，市场分割略微上升，但都显著。

（三）模型三

$$\ln(\text{wage}) = 13.031 - 0.129\ln(L) - 0.089\ln(MD) - 0.052\ln(JL) +$$
$$(0.000) \quad (0.000) \quad\quad (0.497) \quad\quad (0.483)$$
$$0.244\ln(FG) + 0.281\ln DY + 0.237\ln(SC)^{②}$$
$$(0.000) \quad\quad (0.070) \quad\quad (0.003)$$

模型三继续增加市场化变量（SC），结果表明，市场化进程（SC）弹性系数是 0.237 且显著，同时市场分割（0.244）、多样化（0.281），都表现出了显著性，令人出乎意料的是经济密度、地理距离却不显著，尽管拟合值是 0.75，比以前有了较大的改善，同时 LogL 增加，AIC、SC 变小。

（四）模型四

$$\ln(\text{wage}) = 9.188 - 0.095\ln(L) - 0.176\ln(MD) - 0.292\ln(JL) -$$
$$(0.000) \quad (0.003) \quad\quad (0.383) \quad\quad (0.007)$$
$$0.087\ln(FG) + 0.266\ln DY - 0.440\ln(SC) + 0.263(SC \times MD) +$$
$$(0.490) \quad\quad (0.041) \quad\quad (0.002) \quad\quad (0.146)$$
$$0.238(SC \times JL) - 0.351(SC \times FG)^{③}$$
$$(0.021) \quad\quad (0.008)$$

模型四继续增加市场化进程与经济密度、地理距离以及市场分割的交互项，以考察它们的相互作用对城市劳动生产率的影响，结果表明，市场化进程×地理距离二者交互性对城市劳

---

①②③ 括号中的数表示"P"值。

动生产率呈正相关，系数值是 0.238；市场化进程×市场分割二者交互性对城市劳动生产率呈负相关，系数值是 –0.351，市场化进程×经济密度交互性对城市劳动生产率为正相关，但不显著，多样化为 0.263 且显著，但经济密度和市场分割虽然为正相关，但不显著，而拟合程度上升到 0.83。

（五）模型五

$\ln(\text{wage}) = 8.860 - 0.101\ln(L) + 0.131\ln(MD) - 0.773\ln(JL) +$
　　　　（0.000）　（0.000）　　（0.000）　　　（0.000）

$0.184\ln(FG) + 0.398\ln(DY) + 0.463\ln(SC) +$
　（0.440）　　　（0.761）　　　（0.013）

$0.150(SC \times MD) + 0.220(SC \times JL) - 0.246(SC \times FG) +$
　（0.325）　　　　（0.006）　　　　（0.035）

$0.612(DY \times MD) + 0.308(DY \times JL) + 0.203(DY \times FG)$①
　（0.000）　　　　（0.000）　　　　（0.227）

模型五在前面模型中继续增加多样化与经济密度、地理距离以及市场分割的交互项，进一步考察多样化交互项对城市劳动生产率的影响，结果表明，多样化×市场分割不显著（0.203），而多样化×经济密度（0.612）、多样化×地理距离（0.308）二者显著，且呈正相关；市场化×经济密度（0.150）不显著，而市场化进程×市场分割（0.220）、市场化进程×地理距离（–0.246）二者均显著，但前者呈正相关，后者呈负相关，市场分割（0.184）不显著，而模型整个拟合度提升到 0.91。

比较模型五和模型四回归情况，模型五比模型四的拟合程度（R^2）增长了 0.08，LogL 值增长了 10.06，但模型五的 AIC （–45.19）比模型四 AIC 的（–31.07）小 23.12，同样模型五的 SC

---

① 括号中的数表示"P"值。

(−25.12) 比模型四的 SC（−15.30）小 9.82。根据上面选择模型标准，模型五是比较理想的实证模型，

下面对其详细分析：拟合值为 0.91，拟合程度相当高，模型整体效果比较满意，多重共线性值 BreuSC-Pagan test（3.276），P = 0.993，不显著，表明不存在共线性，而异方差诊断 Moran's I = 0.0989，几乎等于零。图 6-15 显示，模型稳定后不存在异方差，模型中的空间滞后自变量项已经排除了空间自相关。

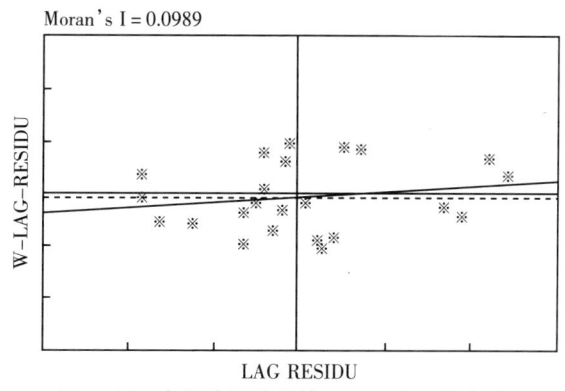

图 6-15 空间滞后残差的 Moran's I 散点图

以上分析说明该模型已经处理了共线性和空间自相关，模型较稳定，能够反映各变量的影响情况。

经济密度（MD）(0.131) 在 1% 上显著，验证了假设成立，Ciccone 和 Hall（1996）的系数是 5%、陈良文和杨开忠（2004）实证结果是 11.8%。本书与以前学者的研究结论相当，弹性系数说明，经济密度每上涨或者下跌 1 个百分点，城市劳动生产率相应变化 0.131 个百分点，验证假设成立。

地理距离（JL）(−0.773) 在 1% 上显著，该变量与以前的学者界定的概念不一，表明每变化 1 个百分点的地理距离，那么城市劳动生产率相应变化−0.773 个百分点，验证假设成立，与以前学者研究结论为负相关一致，如郭琪、贺灿飞（2012）研

究的地理距离系数为–0.27，表明呈负相关，但不显著。

市场分割（FG）（0.184）不显著，与前面假设不一致，说明目前的市场分割程度比较低，还不能达到影响城市劳动生产率的限度。而《2009年世界发展报告》阐述也表明，分割在国家层面影响比较显著，在区域层面已经体现不出分割作用，这与郭琪、贺灿飞（2012）研究的结论一致。

多样化（DY）（0.398）不显著，其理由是现阶段，各地区都在招商引资力度上下功夫，其结果形成了区域产业布局基本均衡。除非与资源禀赋联系紧密的产业，否则各地的产业人员的分类几乎相等，多样化的产业人员没有明显影响城市劳动生产率的大小，这与Martin等（2011）实证研究结论一致。

市场化进程（SC）（0.463）呈正相关，且在5%上显著，验证了假设成立，数据显示，非国有企业每增加或者减少1个百分点，城市劳动生产率的弹性系数就增加或者减少0.463个百分点。

市场化进程×经济密度（SC×MD）（0.150）不显著，没有通过假设验证，说明经济密度在市场化进程交互作用下，并没有理论上影响城市劳动生产率那么明显。这表明在市场化进程中产业员工分布比较均衡，不集中在一个城市上班，产业工人都在当地能够找到合适的工作，或者说在此作用下，经济密度变化不大，因此二者交互作用对城市劳动生产率影响不显著。

市场化进程×地理距离（SC×JL）（0.220）在1%上显著，通过了假设检验，表明市场化进程和地理距离的交互作用对城市劳动生产率呈正向影响作用；地理距离在市场化进程的影响下，地理距离的边界在缩小，提高了信息传递的速度，缩短了城市内外地理距离。在经济改革形势下，政府进一步简政放权，这样在城市内提高了生产要素的流动性，大大减少了由于地理因素而造成的经济增长障碍，故在实证检验方面表现为显著性。

市场化进程×市场分割（SC×FG）（-0.246）在5%上显著，通过了假设检验，表明市场化进程和市场分割每上升1个百分点，城市劳动生产率便下降0.246个百分点。在经济改革开放的进程中，一味地通过设置物流、人流交易屏障，限制商品流通，市场分割导致资源分配不合理，无法使资源达到最优配置，从而价格杠杆失灵，影响了宏观经济平衡，也无法在全国范围内建立公平竞争机制，同样也破坏了公平的市场体系，不能满足对外改革开放的需要。长期下来，企业缺少竞争意识，无法适应市场变化需要，导致产品质量、服务意识、科研开发、规模经济等方面滞后，故二者的交互性作用不能促进城市劳动生产率的提高。

多样化×经济密度（DY×MD）（0.612）在1%上显著，通过了假设检验，表明如果多样化×经济密度每提高1个百分点，那么城市劳动生产率就提高0.612个百分点，呈正相关性；在与多样化交互作用的经济密度冲击下，随着城市化进程加快，从整体城市经济密度的反映可知，尽管产业企业的快速发展，但没有影响政府对土地的规划，政府在统筹土地资源，合理科学规划城市人口、产业、市场、科技、交通等因素功能布局时，没有导致空城，盲目扩建；与此同时，反而提高了土地的利用率，避免了土地粗放利用，也避免了土地效益低下的现象，在此交互作用下提高了城市劳动生产率。

多样化×地理距离（DY×JL）（0.308）在1%上显著，通过了假设检验，结果显示多样化×地理距离每增加1个百分点，那么城市劳动生产率便上升0.308个百分点，呈正相关性；在现实社会中地理距离对劳动生产率的影响逐渐得到肯定，在多样化的影响因素背景下产生了聚集的外部收益，无形中缩短了技术交流平台，加速了技术创新的速度，基础设施的利用效率提高。Kurgman（1991）的新经济地理理论认为：聚集经济是在消费者偏好多样化，商品减少了运输成本，降低了区域内价格指数等影响因素的作用下产生的。Fujita 和 Mori（1997）、Fujita 等（1999）在分析城市体系的空间模式时，实证检验了在一定经济地理范围内，聚集中心产生较大的吸引力，从而增加了物流和信息的传递速度。

多样化×市场分割（DY×FG）（0.203）没有通过假设检验，表明多样化×市场分割的交互作用对城市劳动生产率的影响不明显，从某种程度说明二者的作用对城市劳动生产率的影响还未达到城市劳动生产率的最低线，无法产生显著影响。尽管产业员工的种类较多，但城市内员工能满足本城市范围产能的需求，政府以通过制定政策，刺激或者保护城市内产品的良性循环为出发点，在现实社会中，已经失去了其本来的用意，在某种程度上讲加强城市保护的行政手段难以见成效，是一种费力不讨好的策略，难以奏效。

以上对各变量以及交互性变量的经济意义做了比较详细的解释，接下来分析影响因素的交互性效应与单一变量对城市劳动生产率的影响情况。

上面已经分析了单一变量对城市劳动生产率的影响，经济密度系数是 0.131，且显著；地理距离系数是 –0.773，显著；市场分割系数是 0.184，不显著；多样化系数是 0.398，不显著；市场化进程系数是 0.463，显著。然而引入交互性作用后其结果显示为：

市场化进程×经济密度交互性效应系数值是 0.15，且不显著，没有对城市劳动生产率起到明显的作用；市场化进程×地理距离交互性效应系数值是 0.22，且显著，表明对城市劳动生产率起到了明显作用，二者单一对城市劳动生产率都有明显的促进作用，加上交互性效应，更加对城市劳动生产率起到正向促进作用；市场化进程×市场分割交互性效应系数值是-0.246，且显著，表明交互性效应起到了对城市劳动生产率的负向影响作用，而单一的市场分割却不显著。

多样化×经济密度的系数值是0.612，且显著，表明二者的交互性作用对城市劳动生产率起到了明显的促进作用，然而单一的多样化不明显，故二者显示了交互性效应的作用；多样化×地理距离的系数值是0.308，且显著，也表明交互性作用对城市劳动生产率起到了明显的正向促进作用；同样，多样化×市场分割的系数值是0.227，但不显著，表明二者的交互性对城市劳动生产率没有起到作用。

以上分析了交互性效应对城市劳动生产率的影响效应，下面进一步通过各变量对城市劳动生产率的影响方向和作用大小进行排序，结果为：

在正相关关系中，影响从大到小且显著的排序是：多样化×经济密度（0.612）、市场化进程（0.463）、多样化×地理距离（0.308）、市场化进程×地理距离（0.220）、经济密度（0.131）。

在负相关关系中，影响从大到小且显著的排序是地理距离（-0.773）、市场化×市场分割（-0.246）。

针对以上结果分析，城市要加快提高城市劳动生产率，下面做简要的政策建议：

（1）各地政府必须重视合理利用土地资源、改善交通设施。

（2）在增加产业的数量和提高工人就业率的前提下，企业要把工作重心放在如何改善工人工作环境上。

（3）政府通过宏观调控，引导企业转变经济增长方式，逐步优化产业结构，形成以城镇为载体的聚集经济。

第五节 本章小结

本章首先简要介绍了空间计量方法原理，并结合本书研究的内容建立实证模型，然后对相关变量做统计性描述分析，最后对实证数据在空间软件 Geoda0.95i 的运算下，逐一考察各变量对城市劳动生产率的影响情况，检验模型，整体模型拟合效果好，拟合值 R^2 达到 0.91，其结果如下：

经济密度（MD）的弹性系数是 0.131，呈正相关关系，并通过了 1%的显著性检验。

地理距离（JL）的弹性系数是-0.773，呈负相关关系，并通过了 1%的显著性检验。

市场分割（FG）的弹性系数是 0.184，呈正相关关系，但没有通过显著性检验。

多样化（DY）的弹性系数是 0.398，呈正相关关系，但没有通过显著性检验。

市场化进程（SC）的弹性系数是 0.463，呈正相关关系，通过了 5%显著性检验。

市场化进程×经济密度（SC×MD）的交互作用系数是 0.150，呈正相关关系，但没有通过显著性检验。

市场化进程×地理距离（SC×JL）的交互作用系数是 0.220，呈正相关关系，通过了 5%显著性检验。

市场化进程×市场分割（SC×FG）的交互作用系数是-0.246，呈负相关关系。

多样化×经济密度（DY×MD）的交互作用系数是 0.612，呈正相关关系，通过 1%显著性检验。

多样化×地理距离（DY×JL）的交互作用系数是 0.308，呈正相关关系，通过 1%显著性检验。

多样化×市场分割（DY×FG）的交互作用系数是 0.203，呈正相关关系，但没有通过显著性检验。

本书提出的研究假设除市场分割和多样化没有通过显著性检验外，其余都通过了显著性检验。

最后，通过对各变量对城市劳动生产率的影响方向及作用进行排序，并提出了合理的政策建议。

第七章 结 论

本章对前面的研究成果进行总结，重点对创新点的归纳，以及明确后期在工作中进一步需要研究的方向。

第一节 研究的主要结论

在对相关文献进行梳理和仔细研究后，发现现有文献研究的不足，在此基础上，本书尝试纳入市场化进程和多样化影响因素，并分别与经济密度、地理距离、市场分割的交互作用变量对城市劳动生产率的影响因素进行研究，在空间计量方法下检验影响因素的显著性，最终得出如下结论：

一、市场化进程

市场化进程是从制度层面反映对城市劳动生产率的影响。通过对市场化进程的作用机制的研究，城市劳动生产率的提高离不开市场化进程的发展，市场化进程是政府在分配资源过程中转变政府职能，从以前的计划经济为主逐步过渡到以计划经济和市场经济共存的经济发展模式，资源的部分分配主体发生了转变，提高了产业员工的工作积极性。

二、经济密度

经济密度是反映城市经济实力大小的标志,与城市劳动生产率呈正相关性。经济密度是单位建成区面积上的非农业人员的多少,许多学者验证了经济密度与城市劳动生产率呈正相关关系,并且弹性系数为6%~14%,而本书的实证检验弹性系数是0.131,呈正相关性,并通过了1%的显著性检验。

三、地理距离

地理距离是影响城市劳动生产率的重要因素之一,它反映了交通通达性方面的自然禀赋,本书重点在地理距离具体变量代替中引入了城市面积和城市内交通等级公路里程因素。

地理距离大小是制约交通物流贸易量、货物到岸价格定价高低的重要参考要素,以及知识溢出、提高劳动者技能水平的制约因素。它是体现物流和信息流传递的快慢及多少的重要制约因素。在变量代换过程中,本书没有沿用以前学者变量的选择方法,而是把城市的面积和城市内的等级公路里程因素纳入地理距离概念范围内,其具体的替代方式是城市到广东省广州市(经济比较发达地区)的高速公路的自然距离÷本城市内的公路网密度(KM/KM^2),自然距离采用搜狗地图上的距离测度方法测量出高速公路里程;公路网密度以本城市的等级公路里程(包括一、二、三级)除以该城市的城区面积。实证检验数据显示地理距离(JL)的弹性系数是-0.773,呈负相关系,并通过了1%的显著性检验。

四、市场分割

市场分割是影响城市劳动生产率的重要因素之一,本书通过对市场分割界定，并运用价格指数方法实证检验了市场分割（FG）的弹性系数是 0.184，呈正相关性，但没有通过显著性检验。

市场分割主要是通过政府采取行政手段限制资源的流动，地方政府通过限制产品流通，设置较高的进入门槛，阻碍生产要素的自由流动，从而严重扭曲价格信号，影响国内竞争机制的形成，削弱了产品在市场上的竞争力，阻碍了城市间经济协调发展。随着市场化进程的加快，城市间一体化格局逐渐形成，市场分割在城市层面已经淡化其作用。

五、多样化

多样化是影响城市劳动生产率的因素，本书从产业的就业人员数量角度反映城市劳动生产率的大小。

本书实证检验了多样化（DY）的弹性系数是 0.398，呈正相关关系，但没有通过显著性检验。而 Lucas（1988）认为，人力资本累积是经济增长的源泉；Feenstra（2004）认为，多样化能够带来更高的城市劳动生产率水平；Feldman（1999）等学者通过产业多样化验证了克鲁格曼的规模报酬递增理论，因为市场规模的扩大有利于发挥规模经济优势。本书多样化是从产业层面员工多少来体现城市经济产业的差异化，按照新经济地理学原理，产业人员越多，城市产品也就越多，越容易形成规模效应和聚集效应，有利于形成上下产业链条，加速经济发展。然而，城市的承载容量和市场拥挤效应的反作用，已经使得多样化对城市劳动生产率的作用不够明显。

六、基本结论

对各影响因素的交互作用进行分析的基本结论是：多样化×经济密度、多样化×地理距离的交互作用分别与城市劳动生产率呈正相关且显著；市场化进程×地理距离、市场化进程×市场分割分别与城市劳动生产率呈负相关且显著，市场化进程×经济密度、多样化×市场分割没有通过显著性检验，它们具体影响表现为：

市场化进程×经济密度（SC×MD）的交互作用系数是0.150，呈正相关系，但没有通过显著性检验。

市场化进程×地理距离（SC×JL）的交互性作用影响了城市劳动生产率的大小，它们的交互性系数是0.220，呈正相关性，并通过了5%的显著性检验。

市场化进程×市场分割（SC×FG）的交互性是从制度层面共同作用于城市劳动生产率，实证检验为市场化进程×市场分割（SC×FG）的交互作用系数是-0.246，呈负相关关系，并且通过了5%显著性检验；表明二者的交互作用影响了城市劳动生产率。

多样化×经济密度（DY×MD）的交互作用系数是0.612，呈正相关关系，通过1%显著性检验；表明在统筹土地资源，科学合理规划城市人口、产业、市场、科技、交通等因素功能布局时，提高了土地的利用率，避免了土地粗放利用。

多样化和×地理距离（DY×JL）的交互作用系数是0.308，呈正相关关系，通过1%显著性检验；表明在交互性作用下无形中城市内缩短了技术交流平台，加速了技术创新的速度。

多样化×市场分割（DY×FG）的交互作用系数是0.203，呈正相关关系，但没有通过显著性检验；表明政府以通过制定政策，刺激或者保护城市内产业种类和员工稳定的良性循环为出发点，在现实社会中，这一措施已经失去了它应有的作用。

七、排序

通过对各变量对城市劳动生产率的影响方向和作用进行排序，结果是：

正相关关系中，影响从大到小且显著的排序是：多样化×经济密度（0.612）、市场化进程（-0.463）、多样化×地理距离（0.308）、市场化进程×地理距离（0.220）、经济密度（0.131）。

负相关关系中，影响从大到小且显著的排序为地理距离（-0.773）、市场化进程×市场分割（-0.246）。

从以上影响大小排序中表明，要加快提高城市劳动生产率，各地政府必须重视合理利用土地资源，改善交通设施，提高城镇化建设的密度，改善经济增长方式，这对于提高城市劳动生产率是非常重要。

第二节 创新点

一、拓展与完善了城市劳动生产率影响因素的分析模型，并用空间计量分析工具进行了实证分析与验证

首先，将市场化进程因素纳入分析模型中，拓展了城市劳动生产率的影响因素。

本书在梳理城市劳动生产率的影响因素时，学者一般都是对经济密度、地理距离、市场分割以及多样化进程等相关变量进行分析，却没有以市场化进程对城市劳动生产率的研究，而本书将其纳入并实证分析。分析表明：市场化进程与城市劳动生产率呈正相关关系，表明了市场化进程对城市劳动生产率的

影响是不能忽视的。

其次，将地理距离代理变量界定为考察区域到广东（经济比较发达地区）的高速公路的自然距离÷本城市内的公路网密度（KM/KM²），取代了以前单一的高速公路距离。

本书在对地理距离进行梳理时，发现单一考虑城市两者之间的高速公路里程，会损失一些考察城市的自然禀性，不能完全反映交通带来的影响程度。实证分析发现，地理距离与城市劳动生产率呈正相关关系，通过变量代换，地理距离已经反映了城市面积的大小和城市内交通的通达性，不再只是一个单纯的公路里程。

二、对影响城市劳动生产率各因素的交互作用进行了具体考察，从而进一步揭示了各因素对城市劳动生产率的作用机制

综观现有的文献，研究对城市劳动生产率的影响都是从单一要素出发进行研究，没有考虑自变量之间的相互作用会对因变量产生什么样的影响。本书对部分自变量间的交互作用进行了实证检验，发现市场化进程×地理距离；市场化进程×市场分割；多样化×经济密度；多样化×地理距离表现出了显著的交互作用。

通过部分变量交互作用后，部分变量的作用显著性和作用的方向发生了改变，显示出了对城市劳动生产率的影响机制发生了进一步改变，其具体如下：

多样化与经济密度交互作用，以及多样化与地理距离交互作用对我国城市劳动生产率都起到了促进作用。从现有文献论述看，经济密度对城市劳动生产率呈正向影响一般都在10%左右，这种提升同时也影响了多样化对城市劳动生产率的影响。

模型的结果显示，单一的多样化对城市劳动生产率不具有明显的促进作用，通过交互作用反而影响显著。

市场化进程与地理距离的交互性作用对城市劳动生产率起到促进作用（正相关），实证模型数据显示单一的市场化进程呈负相关，然而二者交互作用却发生相反的作用，其可能的解释是地理距离的扩大限制了国有企业的发展。因为国有企业的扩张、转型是受政府决策的影响，经常由于决策的滞后而失去了赢得竞争的可能，进而加速了非国有企业的发展，影响了经济的快速发展。

市场化进程与市场分割的交互作用对城市劳动生产率起到阻碍作用（呈负相关），而郭琪、贺灿飞（2012）表明市场分割对城市劳动生产率影响不显著，同样在《2009 年世界发展报告》中也阐明，市场分割一般在国家范围比较适用。然而本书实证数据显示呈负相关且显著，其可能的解释是市场分割受市场化进程的影响，过多地保护了国有企业的发展，地方保护主义政策限制了资源的合理分配，经济周期处于倒 U 型的下降阶段（Poncet，2003；张二震，2009；刘小勇，2010），市场分割阻碍了经济发展。

三、在计量分析的基础上，给出了各自变量的作用方向及影响程度的排序，从而进一步揭示了提高城市劳动生产率的对策含义

计量分析表明，正相关关系中，影响从大到小且显著的排序为：多样化×经济密度（0.612）、市场化进程（0.463）、多样化×地理距离（0.308）、市场化进程×地理距离（0.220）、经济密度（0.131）。

负相关关系中，影响从大到小且显著的排序为地理距离

（-0.773）、市场化×市场分割（-0.246）。

从以上影响大小排序中表明，要加快提高城市劳动生产率，各地政府必须重视合理利用土地资源，改善交通设施；在增加产业的数量和就业前提下，提高土地的利用效率，改善交通基础设施；应继续加大改革开放的力度，提高城镇化建设的力度，吸引更多的第一产业的作业者进入第二、第三产业工作，改变经济增长方式，优化产业结构，逐渐形成以城镇为载体的聚集经济，这对于提高城市劳动生产率是非常必要的。

第三节　研究不足与未来研究方向

一、本书在分析各变量对城市劳动生产率的假设关系时，未能充分运用相应的理论知识

许多学者在研究城市劳动生产率的影响关系时，都是在聚集经济和马歇尔的外部效应的理论前提下进行研究，他们运用知识共享、劳动力池溢出效应分析城市劳动生产率大小的影响因素，而本书恰恰在这方面研究得较少，没有很好运用理论知识分析影响城市劳动生产率的假设关系。

二、在各变量的假设分析中，涉及影响因素的变量也比较窄，没有从全方位考虑研究假设的影响因素

衡量经济密度的大小有多种，本书也仅仅从就业角度入手界定了经济密度的大小并进行实证分析，而从单位产出密度、生产总值密度等方面还没有进行实证分析和度量。

尽管在地理距离影响因素方面有了一个小小的创新，但能

否具有普适性，还需检验。至于选择以广东省广州市为距离的基准点，是否具有代表性，对于整个计量分析的可信度是否能够满足文章的需要，还有没有更好的参考点的选择，这是本书研究的局限性。

市场分割影响因素主要是参照陆铭、陈剑（2009），陆铭、陈钊（2007）等的价格指数方法，尽管该方法得到了许多学者的普遍认可，但在本书分析是否合适，能否可用贸易流法代替，其结果又将是什么？也是本书值得商榷的地方。

多样化影响因素是在沿用颜礁、赵定涛（2012）用多样化的测算方式，通过就业劳动力多少和分布情况间接分析产业种类的代替方法，这个代替必须满足一个前提条件就是：产业品种的多样化与就业人员的分布均衡呈正相关，但在现实环境中，这样的假定条件不是很合理的。可以清楚地认识到，大多数企业基本是分布不均衡的，国有企业人数多与产业品种多不是满足一定比例的，所以实证结果不够理想。

在变量交互性的假设理论分析中，未能引用充足的理论知识来分析它们的共同作用对城市劳动生产率的影响机制，这些不足将成为以后深入研究的地方。

三、本书在获取变量数据以及研究对象范围层面，没有从较小范围进行研究，导致研究对象的范围较大，影响了研究结论的精确性

由于价格指数方法要在三维空间范围才能适用，而现有数据又仅仅局限于省级层面，于是本书构思上无法兼顾在研究对象较小层面进行实证检验，从而导致研究对象过于宏大；在研究城市劳动生产率时，实证分析过程中根据模型的选择，必须有城市资本存量，而现有的资料数据显示没有城市资本存量统

计数据，为了实证研究结论尽量具有科学性和合理性，采用了必要的代替手段，如陈良文、杨开忠、沈体雁等（2008）用城市在职员工的工资代替城市劳动生产率，但这样替代后变量不能精确反映城市资本存量，影响了研究结论的精确性。

综上所述是本书研究的不足之处，接下来分析未来研究的方向。

本书选取变量尽管比以前的学者要宽泛一些，但还是不能完全反映出城市劳动生产率的影响因素，这些变量也有待日后完善；本书主要是分析城市劳动生产率的影响因素，要更加深入研究还需要从其他角度，比如从投资角度、消费角度分析。如果是大城市，还要从进出口贸易视角进行研究。在新型城镇化背景下，如何提高中小城市的城市劳动生产率，运用比较合适的方法剖析小型城镇的城市劳动生产率，从而形成一个研究范式，也是以后研究的重点。在如何运用空间经济学理论分析城市劳动生产率，从理论和实证方面更好地结合也是今后研究的一个方向。

附录 相关数据列表

附表1 1997~2011年平均值构成截面数据（对数值）

区域	城市劳动生产率	经济密度	地理距离	市场化进程	多样化	人力资本存量	市场分割
浙江	9.0343	0.4855	3.9138	−0.1682	−1.0158	10.2711	−7.6762
云南	9.6138	0.5136	2.0648	−1.2051	−2.1301	9.5927	−7.3344
新疆	9.6013	−0.5771	3.8750	−1.6896	−1.9895	9.3518	−7.3942
西藏	10.1805	−0.4451	3.6615	−1.1717	−2.1681	7.1192	−6.9978
四川	9.5803	0.5584	3.5711	−0.6243	−1.5964	10.4681	−7.5656
陕西	9.5346	0.3291	2.9365	−1.2483	−1.7927	10.4504	−7.6644
山西	9.5026	0.1967	3.2738	−0.8730	−1.5431	9.9163	−8.0503
山东	9.6244	0.1828	4.1145	−0.3710	−1.4694	10.7782	−8.2141
青海	9.7775	0.1829	2.8002	−1.6105	−1.6904	7.8852	−7.4713
宁夏	9.6717	−0.3661	4.1128	−0.9785	−1.6215	8.1102	−7.9095
内蒙古	9.5316	−0.4085	3.7885	−0.9362	−1.7694	9.5149	−7.9602
辽宁	9.6365	−0.3181	4.8880	−0.7415	−1.3597	10.5610	−7.9160
江西	9.4246	0.5229	2.5828	−0.8877	−1.5912	10.0869	−8.0795
吉林	9.5016	−0.4414	4.5409	−1.1523	−1.6864	10.0775	−8.1435
湖南	9.5509	0.5250	2.7125	−0.7013	−1.7503	10.4538	−7.5150
湖北	9.4920	0.0597	3.3032	−0.7748	−1.5130	10.7770	−7.6095
黑龙江	9.4712	−0.3294	4.3569	−1.3900	−1.4997	10.2310	−8.2640
河南	9.4643	0.5517	3.3121	−0.5493	−1.6075	10.5377	−8.2029
北京	10.2856	−0.1372	5.4631	−0.8637	−0.7276	10.7163	−6.6843
天津	10.0019	−0.3127	5.0407	−0.4729	−1.4195	9.7560	−6.7430

续表

区域	城市劳动生产率	经济密度	地理距离	市场化进程	多样化	人力资本存量	市场分割
海南	9.4702	-0.2194	2.6535	-0.7211	-1.8655	8.1071	-8.1478
贵州	9.4950	0.5528	3.1122	-1.2068	-1.8162	9.3828	-7.3612
广西	9.5365	0.4259	2.6313	-0.7368	-1.7538	9.6949	-7.8443
甘肃	9.5530	0.1277	3.5897	-1.4981	-1.7528	9.4182	-7.8563
福建	9.7175	0.5640	2.9271	-0.2496	-1.5907	9.8336	-8.3894
安徽	9.5145	0.4293	3.2424	-0.7358	-1.5471	10.1681	-8.0739
上海	10.3429	0.0371	5.5107	-0.5514	-1.1129	10.2363	-7.0571
重庆	9.6020	0.5840	3.7039	-0.7922	-1.3974	9.7673	-7.0592
江苏	9.8155	0.2456	4.2061	-0.2216	-1.2846	10.9413	-7.6693
广东	9.9856	0.0467	4.2209	-0.2231	-1.3395	10.5999	-7.9836
河北	9.5165	0.4516	3.7158	-0.5282	-1.4723	10.4438	-7.5242

附表2 1997~2011年平均值构成截面数据（交互性）

区域	多样化×经济密度	多样化×地理距离	多样化×市场分割	市场化进程×经济密度	市场化进程×地理距离	市场化进程×市场分割
浙江	0.6068	22.8025	0.0002	1.3825	51.9473	0.0005
云南	0.2234	1.2434	0.0001	0.5341	2.9723	0.0002
新疆	0.0786	6.9530	0.0001	0.1098	9.7122	0.0001
西藏	0.0904	5.9080	0.0001	0.2400	15.6883	0.0004
四川	0.3791	8.1273	0.0001	0.9734	20.8691	0.0003
陕西	0.2849	3.5103	0.0001	0.4608	5.6765	0.0002
山西	0.2633	6.3050	0.0001	0.5221	12.5034	0.0002
山东	0.2883	17.8803	0.0001	0.8476	52.5590	0.0003
青海	0.2402	3.5984	0.0001	0.2750	4.1206	0.0001
宁夏	0.1464	19.7409	0.0001	0.2800	37.7460	0.0002
内蒙古	0.1163	12.1538	0.0001	0.2946	30.7843	0.0002
辽宁	0.1890	43.7575	0.0002	0.3625	83.9446	0.0003
江西	0.3567	2.8522	0.0001	0.7873	6.2944	0.0002

续表

区域	多样化×经济密度	多样化×地理距离	多样化×市场分割	市场化进程×经济密度	市场化进程×地理距离	市场化进程×市场分割
吉林	0.1220	22.4756	0.0001	0.2253	41.5174	0.0001
湖南	0.3218	2.9025	0.0001	0.8891	8.0186	0.0003
湖北	0.2448	7.1812	0.0001	0.5166	15.1510	0.0003
黑龙江	0.3257	26.2999	0.0001	0.2629	21.2298	0.0001
河南	0.3725	5.9824	0.0001	1.0357	16.6353	0.0002
北京	0.4373	218.0756	0.0013	0.3850	192.0060	0.0011
天津	0.1970	48.0177	0.0004	0.4655	113.4605	0.0010
海南	0.1353	2.7342	0.0001	0.4305	8.7013	0.0002
贵州	0.4176	18.9792	0.0001	0.7064	32.1045	0.0002
广西	0.2825	3.4511	0.0001	0.7624	9.3132	0.0002
甘肃	0.2047	6.6198	0.0001	0.2615	8.4577	0.0001
福建	0.3861	5.6067	0.0001	1.3896	20.1792	0.0002
安徽	0.3493	6.4513	0.0001	0.7657	14.1418	0.0002
上海	0.3468	112.4067	0.0004	0.6113	198.1545	0.0006
重庆	0.4833	14.1305	0.0002	0.8624	25.2171	0.0004
江苏	0.3667	21.1976	0.0002	1.0423	60.2486	0.0005
广东	0.2829	23.9491	0.0001	0.8544	72.3444	0.0003
河北	0.3682	10.7413	0.0002	0.9535	27.8195	0.0005

参考文献

[1] Au, C., J. Henderson. Are Chinese Cities too Small [D]. Working Paper, Brown University, 2005.

[2] Audrct S. C., D. Cultural Diversity and Entrepreneurship: A Regional Analysis for Germany [J]. The Annals of Regional Science, 2010, 45 (1): 55–85.

[3] Anselin L. Spatial Eeonometries: Methodsand Models [M]. Dordreeht: Kluwer Aeademie Publishers, 1955.

[4] Anselin, L. Spatial Dependence and Spatial Structural Instabilit, in Applied Regression Analysis [J]. Journal of Regional Science, 1990 (30): 185–207.

[5] Anselin, L., A. Bera. Spatial Dependence in Linear Regression Models with Introduction to Spatial Conometrics [M]. Hand book of Applied Economic Statistics, NewYork: Marcel Dekker, 1998.

[6] Anselin, L., R. Florax, S. Rey (edsd.). Advanced in Spatial Econometrics: Methodology, Tools and Applications. Berli [M]. Springer-Verlag, 2004.

[7] Bayoumi, T., Eichengreen B. One Money or Many? Analyzing the Prospects for Monetary Unification in Various Parts of the World [J]. Princeton Studies in International Finance, 1994 (76): 1–14.

[8] Baldwin, R., Harrigan, J. Zeros, Quality and Space: Trade Theory and Trade Evidence [J]. American Economic Journa; Microeconomics, 2011 (1): 60–88.

[9] Brulhart, M., Mathys N.A. Sectoral Agglomeration Economies in a Panel of European Regions[J]. Regional Science and Urban Economics, 2008 (38): 348–362.

[10] Broda, C., D. E. Weinstein. Variety Growth and World Welfare [J]. American Economic Review, 2004 (94): 139–144.

[11] Berliant M., Fujita M. The Dynamics of Knowledge Diversity and Economic Growth [R]. MPRA Paper, 2008.

[12] Caballe H., J., Santos, M.S. On Endogenous Growth with Physical and Human Capita [J]. Journal of Political Economy, 1993 (101): 1042–1067.

[13] Chen Natalie. Intra-national Versus International Trade in the European Union: Why Do National Borders Matter [J]. Journal of International Economics, 2004 (63): 1–14.

[14] Ciccone, A., Hall R. E. Productivity and the Density of Economic Activity [J]. American Economic Review, 1996 (86): 54–70.

[15] Ciccone, A. Agglomeration Effects in Europe [J]. European Economic Review, 2002 (46): 213–227.

[16] Clark, C. Urban Population Densities [J]. Journal of the Royal Statiscal Society, 1951 (114): 490–494.

[17] Diamond C., Simon C. Industrial Specialization and the Return to Labor [J]. Journal of Labor Economics, 1990 (8): 175–201.

[18] Duranton, G., Puga, D. Diversity and Specialization in

Cities. Why, Where and When Does It Matter? [J]. Urban Studies, 2000 (37): 533-555.

[19] Duranton G., Puga D.Urban Diversity, Process Innovation, and the Life Cycle of Products [J]. The American Economic Review, 2001, 91 (5): 1454-1477.

[20] Engel, Charles, Rogers, John H. How Wide is the Border? [J]. American Economic Review, 1996, 86 (5): 12-25.

[21] Feldman, M. P., Audret S. C., D. B. Innovation in Cities: Science Based diversity, Specialization and Localized Competition [J]. European Economic Review, 1999, 43 (2): 409-429.

[22] Feenstra, R. C., H. L. Kee. On the Measurement of Product Variety in Trade [J]. American Economic Review, 2004, 94 (2): 145-149.

[23] Frenken, K. Related Variety, Unrelated Variety and Regional Economic Growth [J]. Regional Studies, 2007, 41 (5): 7-14.

[24] Fogarty, M., G. Garofalo. Urban Spatial Structure and Productivity Growth in the Manufacturing Sector of Cities[J]. Journal of Urban Economics, 1978, 23 (1): 60-70.

[25] Frankel, J. Romer, D. Does Trade Cause Growth? [J]. American Economic Reuiew, 1999: 379-399.

[26] Glaeser, E. L., H.D. Kallal, J. A. Scheinkman. Growth in Cities [J]. Journal of Political Economy, 1992, 100 (6): 7-14.

[27] Grossman, Gene M., Elhanan Helpman. Trade, Knowledge Spillovers and Growth [J]. European Economic Review, 1991, 35 (3): 517-526.

[28] Harris, T., Y. Ioannides, Productivity and Metropo-litan

Density [C]. Tufts University, 2000.

[29] Hanson G. H. Market Potential, Increasing Returns and Geographic Concentration [J]. Journal of International Economics, 2005 (67): 1-24.

[30] Henderson J.V.The Sizes and Types of Cities [J]. American Economic Review, 1974, 64 (9): 7-14.

[31] Hector V. Conroy, Gabriel Demmobynes. Density, Distance, and Division in Latin America and the Caribbean: Analysis with a Unified Local-Level Economic Welfare Map [R]. Preliminary Draft, 2009.

[32] Hering L., Poncet S. Income Per Capita Inequality in China: The Role of Economic Geography and Spatial Interactions [J].The World Economy, 2010a (33): 655-797.

[33] Hering L., Poncet S. Market Access and Individual Wages: Evidence from China [J]. Review of Economics and Statistics, 2010b (92): 145-159.

[34] Henderson, J. Efficiency of Resource Usage and City Size [J]. Journalof Urban Economics, 1986, 19 (1): 47-70.

[35] Henderson, J. V. Marshall's Scale Economies [J]. Journal of Urban Economics, 2003, 53 (1): 1-28.

[36] Head, K., T. Mayer. Non-Europe: The Magnitude and Causes of Market Fragmentation in the EU [J]. Weltwirtschaftliches Archiv, 2000 (136): 1-14.

[37] Hummels, David, Peter Klenow. The Variety and Quality of a Nations Trade [D]. NBER Working, 2002.

[38] Hummels, D., Skiba, A. Shipping the Good Apples Out? An Empirical Confirmation of the Alchian-Al-Ien Conjecture

[J]. Journal of Political Economy, 2004 (1): 1384-1402.

[39] Izraeli O., Murphy K. The Effect of Industrial Diversity on State Unemployment Rate and Per Capita Income[J]. The Annals of Regional Science, 2003 (37): 1-14.

[40] Jacobs, J. The Economy of Cities [M]. New York: Vintage, 1969.

[41] Jaffe, Adam B., Trajtenberg, M., Henderson, R. Geographic Iocalization of Knowledge Spillover as Evidenced by Patent Citations[J]. Quarterly Journal of Economics, 1993, 108 (3): 577-598.

[42] Simon, C. Frictional Unemployment and the Role of Industrial Diversity [J]. Quarterly Journal of Economics, 1988 (103): 715-728.

[43] Kelvin Lancaster.The Economics of Product Variety: A Survey [J]. Marketing Science, 1990 (3): 7-14.

[44] Kelejian, H.H., I. Prucha. A Generalized Moments Estimateor for the Autoregressive Parameter in a Spatial Model [J]. International Economic Review, 1999 (40): 509-533.

[45] Kneller, P., Yu, Z. Quality Selection, Chinese Exports and Theories of Heterogeneous Finn Trade[J]. Univereity of Nottingham, 2008 (1): 7-14.

[46] Krugman, P. Increasing Returns, Monopolistic Competition and International Trade [J]. Journal of International Economics, 1979 (9): 7-14.

[47] Krugman, P. Increasing Returns and Economic Geography [J]. Journal of Political Economy, 1991, 99 (3): 7-14.

[48] Lazear, E. P. Diversity and Immigration [M]. Chicago:

University of Chicago Press, 2000.

[49] Lall. Regional Economic Convergence: Do Policy Instruments Make a Difference [J]. Annals of Regional Science, 2001 (35): 153-163.

[50] Lucas, R. E. On the Mechanics of Economic Development [J]. Journal of Monetary Economics, 1988 (22): 3-42.

[51] Malizia, E. E., S. Ke. The Influence of Economic Diversity on Unemployment and Stability [J]. Journal of Regional Science, 1993, 33 (2): 221-235.

[52] Martin P., T. Mayer, F. Mayneris. Spatial Concentration and Plant-Level Productivity in France [J]. Journal of Urban Economics, 2011, 69 (2): 182-195.

[53] Marshall A. Principles of Economics [M]. London: MacMillan, 1890.

[54] Mark Roberts, Chor-ching Goh. Density, Distance and Division: The Case of Chongqing Municipality, China [J]. Cambridge Journal of Regions, Economy and Society, 2011 (6): 1-16.

[55] McCallum, J. National Borders Matter: Canada-US Regional Trade Patterns [J]. American Economic Review, 1995 (85): 7-14.

[56] Mundell A. A Theory of Optimum Currency Areas [J]. The American Economic Review, 1961 (1): 657-665.

[57] Moran, P. A. P. A Test for the Serial Dependence of Residuals [J]. Biom Etrika, 1950 (37): 178-181.

[58] Moomaw, R1L, Productivity and City Size: A Review of the Evidence [J]. Quarterly Journal of Economics, 1981 (96): 675-688.

[59] Nakamura, R. Agglomeration Economies in Urban Manufacturing Industries: A Case of Japanese Cities[J]. Journal of Urban Economics, 1985, 17 (1): 108-124.

[60] Naught, Barry. How Much Can Regional Intesrarion Do to Unify China's Markets? [J]. The American Economice Review, 1999, 86 (5): 112-125.

[61] Orlandom. Measuring Spillovers from industrial. R$D: On the Importance of Geographic and Technological Proximity [J]. The Rand Journal of Economics, 2004, 35 (4): 777-786.

[62] Ouwersloot, H., Rietveld, P. The Geography of R&D: Tobit Analysis and a Bayesian Approach to Mapping R&D Activities in the Netherlangds [J]. Environment and Pianning A., 2000, 32 (9): 1673-1688.

[63] Paci, R., Usai, S. Externalities, Knowledge Spillovers and the Spatial Distribution of Innovation[J]. Geojournal, 1999, 49 (4): 381-390.

[64] Parsley, David C., Shang-Jin Wei. Explaining the Border Effeet: The Role of Exehange Rate Varicbillty [J]. Shipping Cost and Geography Journa of International Economies, 2001 (55): 87-105.

[65] Parsley, David C., Shang-Jin Wei. Liting Curreney Volatility to Stimulate Goods Market Integration: A Price Based A Proach [C]. IMF Working Paper, 1997.

[66] Poncet S. Measuring Chinese Domestic and International Integration [J]. China Economic Review, 2001 (14): 1-21.

[67] Rice P., Venables A. J., Patacchini E. Spatial Determinants of Productivity: Analysis for the Regions of Great Britain[J].

Regional Science and Urban Economics, 2006 (36): 727-752.

[68] Romer, P. M. Endogenous Technological Change [J]. Journal of Political Economy, 1990 (98): 71-102.

[69] Rosenthal S. S., Strange W.C. Evidence on the Nature and Sources of Agglomeration Economies [J]. Handbook of Regional and Urban Economics, 2004 (4): 2119-2171.

[70] Sachs, J. Institution Don't Rule: Direct Effects of Geography on Per Capital Income [D]. NBER Working Paper, 2003.

[71] Sandra, Poncet. Measuring Chinese Do Mestie and International [J]. China Economie Review, 2003 (14): 1-21.

[72] Sandy Dallerba, Julie Le Gallo Regional Convergence and the Impact of European Structural Funds over 1989-1999: A Spatial Econometric Analysis [J]. Regional Science, 2008, 87 (2): 219-244.

[73] Segal, D. Are there Returns to Scale in City Size? [J]. Review of Economics and Statistics, 1976 (58): 339-350.

[74] Shefer, D. Localization Economies in SMS As: A Production Function Analysis [J]. Journal of Regional Science, 1973 (13): 55-64.

[75] Shefer, D., Frenkel, A. Local Milieu and Innovations: Some Empirical Results [J]. The Annals of Regional Science, 1998, 32 (1): 185-200.

[76] Siegel P., Johnson T., Alwang J. Regional Economic Diversity and Diversification [J]. Growth and Change, 1995 (26): 261-285.

[77] Solow, R.M. A Contribution to the Theory of Economic Growth [J]. Quarterly Journal of Economics, 1956 (1): 65-94.

[78] Sverikauskas, L. The Productivity of Cities [J]. Quarterly of Journal of Economics, 1975 (1): 7-14.

[79] Sveikauskas L. The Productivity of Cities [J]. Quarterly Journal of Economics, 1975, 89 (3): 5-9.

[80] Sykes J. Diversification of Industry [J]. The Economic Journal, 1950 (60): 697-714.

[81] Tabuchi, T. Urban Agglomeration, Capital Augmenting Technology, and Labor Market Equilibrium [J]. Journal of Urban Economics, 1986, 20 (2): 211-228.

[82] The World Bank. China: Internal Market Development and Regulation [D]. Washington, D. C., 1994.

[83] Timothy J., Davidc, Gordon. Modeling Spatial Variation in Housing Prices: A Variable Interaction App Roach [J]. Real Estate Economics, 2003, 31 (4): 623-646.

[84] Trendle B. Regional Economic Instability: The Role of Industrial Diversification and Spatial Spillovers [J]. The Annals of Regional Science, 2006 (40): 767-778.

[85] Uzawa, H., Optimal Technical Change in an Aggregative Model of Economic Growth [J]. International Economic Review, 1965 (6): 18-31.

[86] Van Ort F. Innovation and Aggiomeration Economies the Netherlands [J]. Tijds Crift Voor Economis Ceen Sociale Geograe, 2002, 93 (3): 344-360.

[87] World Bank World Development Report 2009. Reshaping Economic Geography [M]. Washington, DC: World Bank, 2008.

[88] Wagner J. E., Deller S. C. Measuring the Effects of Economic Diversity on Growth and Stability [J]. Land Economics,

1998（74）：541-556.

[89] Xu, Xinpeng. Have the Chinese Provinees Become Integrated under Reform? [J]. China Econoics Review, 2002（13）：16-33.

[90] Young, A., Razor's Edge. Distortions and Incremental Reform in China [J]. Quarterly Journal of Economics, 2000（115）：1091-1135.

[91] 贝涵璐，吴次芳，冯科等.土地经济密度的区域差异特征及动态演变格局——基于长江三角洲地区的实证分析[J].自然资源学报，2009（11）.

[92] 陈良文，杨开忠.集聚经济的六类模型：一个研究综[J].经济科学，2006（9）.

[93] 陈良文.城市间城市劳动生产率差异与经济集聚对我国集聚经济效应的实证验证 [D].北京大学中国区域经济研究中心工作论文，2007.

[94] 陈良文，杨开忠，沈体雁，王伟.经济集聚密度与城市劳动生产率差异——基于北京市微观数据的实证研究 [J].经济学（季刊），2008（10）.

[95] 陈良文，杨开忠.生产率、城市规模与经济密度：对城市集聚经济效应的实证研究 [J].贵州社会科学，2007（2）.

[96] 陈宗胜，陈胜.中国农业市场化进程 [J].经济学家，1999（3）.

[97] 陈宗胜，周云波.加速市场化进程，推进经济体制转型 [J].天津社会科学，2001（3）.

[98] 陈彦光.基于Moran统计量的空间自相关理论发展和方法改进 [J].地理研究，2009，28（6）.

[99] 曹广忠，白晓.中国城镇建设用地经济密度的区位差

异及影响因素——基于273个地级及以上城市的分析［J］.中国人口·资源与环境，2010（2）.

［100］崔梦天，赵海军.基于交换操作和再分配的区域——服务器动态分配算法［J］.云南大学学报（自然科学版），2013（5）.

［101］陈洁雄.中国城市劳动生产率差异的实证研究：2000~2008［J］.经济学家，2010（9）.

［102］蔡武.劳动力市场分割、劳动力流动与城乡收入差距［J］.首都经济外贸大学学报，2012（6）.

［103］常修泽，高明华.中国国民经济市场化的推进程度及发展思路［J］.经济研究，1998（11）.

［104］樊开阳，林小兰.基于Matlab GUI的直流电机PID调速系统的设计［J］.计算机与运用，2013（22）.

［105］樊纲，王小鲁，张立文.中国各地区市场化进程报告［J］.中国市场，2001（6）.

［106］樊纲，王小鲁，张立文，朱恒鹏.中国各地区市场化相对进程报告［J］.经济研究，2003（3）.

［107］樊纲，王小鲁，朱恒鹏.不同年份：中国市场化指数——各地区市场化相对进程报告［M］.北京：经济科学出版社，2010.

［108］樊纲，王小鲁，张立文，朱恒鹏.中国各地区市场化进程2000年报告［J］.国家行政学院学报，2001（3）.

［109］樊纲，王小鲁.中国市场化指数——各地区市场化相对进程报告［M］.北京：经济科学出版社，2007.

［110］符淼.地理距离和技术外溢效应——对技术和经济集聚现象的空间计量学解释［J］.南方经济，2012（2）.

［111］方军雄.市场分割与资源配置效率的损害：来自企业

并购的证据［J］. 财经研究，2009（9）.

［112］顾海兵. 中国经济的市场化与非农化纵论［J］. 国家行政学院学报，2001（2）.

［113］郭琪，贺灿飞. 密度、距离、分割与城市劳动生产率——基于中国 2004~2009 年城市面板数据的经验研究［J］. 中国软科学，2012（11）.

［114］桂琦寒，陈敏. 中国国内商品市场趋于分割还是整合——基于相对价格法的分析［J］. 世界经济，2006（2）.

［115］冯兴元. 地方政府竞争：理论范式、分析框架与实证研究［M］. 南京：译林出版社，2010.

［116］冯玉平，沈茂英，王庆华. 四川省人口区域分布与区域经济发展［J］. 西北人口，2006（3）.

［117］冯科，吴次芳，陆张维等. 中国土地经济密度分布的时空特征及规律——来自省际面板数据的分析［J］. 经济地理，2008（5）.

［118］范剑勇. 产业集聚与地区间城市劳动生产率差异［J］. 经济研究，2006（11）.

［119］黄乾. 中国的产业结构变动、多样化与失业［J］. 中国人口科学，1999，19（1）.

［120］何邕健，胡丽. 基于经济密度差异特征的区域空间结构研究——以江西省为例［J］. 规划师，2008（10）.

［121］韩峰，郑腾飞. 空间供给外部性、经济集聚与城市劳动生产率——对中国城市面板数据的实证分析［J］. 经济学，2013（4）.

［122］黄赜琳，王敬云. 地方保护与市场分割：来自中国的经验数据［J］. 中国工业经济，2006（2）.

［123］金煜，陈钊，陆铭. 中国的地区工业集聚：经济地

理、新经济地理与经济政策［J］.经济研究，2006（4）.

［124］蒋满元.区域性市场分割：测度、成因及影响分析［J］.广西财经学院学报，2007（4）.

［125］姜霖.论中国市场化进程中的社会因素［J］.东岳论丛，1999（6）.

［126］柯善咨，姚德龙.工业集聚与城市劳动生产率的因果关系和决定因素——中国城市的空间计量经济联立方程分析［J］.数量经济技术经济研究，2008（12）.

［127］李真，范爱军.中国区域市场分割的研究现状及展望［J］.天府新论，2008（6）.

［128］卢忠.中国人口经济密度区域差异及分析［J］.人口与经济，1992（2）.

［129］林坚，祖基翔，苗春蕾等.中国区县单元城乡建设用地经济密度的空间分异研究［J］.中国土地科学，2008（3）.

［130］罗文斌，吴次芳，冯科.城市土地经济密度的时空差异及其影响机理——基于湖南省城市面板数据的实证分析［J］.城市发展研究，2010（6）.

［131］连飞.工业集聚与城市劳动生产率的空间计量经济分析——来自我国东北34个城市的经验证据［J］.中南财经政法大学学报，2011（1）.

［132］刘庆林，高越，韩军伟.国际生产分割的生产率效应［J］.经济研究，2010（2）.

［133］陆铭，陈钊.分割市场的经济增长［J］.经济研究，2009（3）.

［134］刘培森，常乐.市场化与劳动生产率增长的协整检验——基于中国1979~2009年数据的研究［J］.西部经济管理论坛，2012（9）.

[135] 刘修岩.集聚经济与城市劳动生产率：基于中国城市面板数据的实证研究［J］.数量经济技术经济研究，2009（7）.

[136] 刘小勇.市场分割能改善地方经济绩效吗？市场分割对经济增长影响实证分析［J］.山西财经大学学报，2010（12）.

[137] 刘小勇.市场分割对经济增长影响效应检验和分解——基于空间面板模型的实证研究［J］.经济评论，2013（1）.

[138] 刘小勇，何静.分权体制下省级市场化进程影响因素探析——基于空间面板模型的实证研究［J］.经济研究，2011（10）.

[139] 刘江会，唐东波.财产性收入差距、市场化程度与经济增长的关系——基于城乡间的比较分析［J］.经济研究，2013（1）.

[140] 李善同，侯永志，刘云中，陈波.中国国内地方保护问题的调查与分析［J］.经济研究，2004（11）.

[141] 李忠民，周弘.我国市场化进程测度的研究评述［J］.重庆工商大学学报（社会科学版），2007（10）.

[142] 卢现祥.论我国市场化的"质"——我国市场化进程的制度经济学思考［J］.财贸经济，2001（10）.

[143] 陆铭.建设用地使用权跨区域再配置——中国经济增长的新动力［J］.世界经济，2011（1）.

[144] 陆铭，陈钊，严冀.收益递增、发展战略与区域经济的分割［J］.经济研究，2006（6）.

[145] 陆铭，陈钊.分割市场的经济增长——为什么经济开放可能加剧市场分割［J］.经济研究，2009（3）.

[146] 赖德胜.论劳动力市场的制度性分割［J］.经济科学，1996（6）.

[147] 李建民.中国劳动力市场多重分割及其对劳动力供求

的影响［J］.劳动经济与劳动关系，2002（5）.

［148］聂盛.我国经济转型期间的劳动力市场分割：从所有制分割到行业分割［J］.当代经济科学，2004（6）.

［149］李芝倩.劳动力市场分割下的中国农村劳动力流动模型［J］.南开经济研究，2007（1）.

［150］林毅夫，孙希芳.银行业结构与经济增长［J］.经济研究，2008（9）.

［151］毛丰付，潘加顺.资本深化、产业结构与中国城市劳动生产率［J］.中国工业经济，2012（10）.

［152］潘文卿，刘亚清，刘庆彬.中国区域市场的分割与融合［J］.兰州大学学报（社会科学版），2011（7）.

［153］任晶，杨青山.产业多样化与城市增长的理论及实证研究——以中国31个省会城市为例［J］.地理科学，2008，28（5）.

［154］盛斌，王岚.多样化偏好、规模经济和运输成本：保罗·克鲁格曼的世界——新贸易理论与新经济地理学评述［J］.经济科学，2009（3）.

［155］师博，沈坤荣.市场分割下的中国全要素能源效率：基于超效率DEA方法的经验研究［J］.世界经济，2008（9）.

［156］孙晓华，周玲玲.多样化、专业化、城市规模与经济增长——基于中国地级市面板数据的实证检验［J］.管理工程学报，2013（2）.

［157］孙晓华，柴玲玲.相关多样化、无关多样化与地区经济发展——基于中国282个地级市面板数据的实证研究［J］.中国工业经济，2012（6）.

［158］孙铮，刘凤委，李增泉.市场化程度、政府干预与企业债务期限结构——来自我国上市公司的经验证据［J］.经济研

究，2005（5）.

［159］施炳展.企业异质性、地理距离与中国出口产品价格的空间分布［J］.南方经济，2011（2）.

［160］Timothy J.Coelli.效率和生产率导论（第2版）［M］.北京：清华大学出版社，2009.

［161］王小鲁.各省区市场化进程排行榜［J］.中国改革，2001（11）.

［162］王小鲁，樊纲，刘鹏.中国经济增长方式转换和增长可持续性［J］.经济研究，2009（1）.

［163］王玉茹，马志光，郭树宝.中国对外贸易市场化研究［J］.浙江社会科学，1999（2）.

［164］王晓明.广东省人口经济密度分布差异分析［J］.南方人口，1993（2）.

［165］王良举，王永培.基础设施、经济密度与生产率差异——来自中国地级以上城市数据的证据［J］.软科学，2011（12）.

［166］王萍.中国经济市场化进程及其测度指标设置研究［J］.现代财经，2006（6）.

［167］王茂军，曹广忠，赵群毅，杨雪春.基于距离与规模的中国城市体系规模结构［J］.地理研究，2010（7）.

［168］吴树青，逄锦聚.政治经济学［M］.北京：高等教育出版社，2002.

［169］吴玉鸣，何建冲.研发溢出、区域创新集群的空间计量经济分析［J］.管理科学学报，2008（8）.

［170］吴玉鸣.中国省域经济增长趋同的空间计量经济分析［J］.数量经济技术经济研究，2006（12）.

［171］徐明华.经济市场化进程：方法讨论与若干地区比较

研究［J］.中共浙江省委党校学报，1999（5）.

［172］辛清泉，谭伟强.市场化改革、企业业绩与国有企业经理薪酬［J］.经济研究，2009（11）.

［173］杨晓猛.转型国家市场化进程与结构转型［J］.改革，2005（6）.

［174］杨晓猛.转型国家市场化进程地区差异分析——基于产业结构调整指标的设计与评价［J］.世界经济研究，2006（1）.

［175］杨芬，刘刚.地区专业化、多样化与中国省区产业发展关系的实证分析［J］.统计与决策，2011（6）.

［176］颜礁，赵定涛.产业多样化与区域创新差异——基于中国省际面板数据的实证分析［J］.西北农林科技大学学报（社会科学版），2012（9）.

［177］余东华，刘运.地方保护和市场分割的测度与辨识：基于方法论的文献综述［J］.世界经济文汇，2009（1）.

［178］余东华，王青.地方保护、区域市场分割与产业技术创新能力——基于2000~2005年中国制造业数据的实证分析［J］.中国地质大学学报（社会科学版），2009（5）.

［179］余东华.地方保护能够提高区域产业竞争力吗［J］.产业经济研究，2008（3）.

［180］袁富华.劳动生产率：关联与差异——基于GWR模型的分析［J］.经济学，2011（1）.

［181］银温泉，才婉茹.我国地方市场分割的成因和治理［J］.经济研究，2001（6）.

［182］刘修岩.集聚经济、公共基础设施与城市劳动生产率——来自中国城市动态面板数据的证据［J］.财经研究，2010（5）.

［183］佚名.重塑世界经济地理——2009年世界发展报告概

述[J]. 经济地理, 2010 (1).

[184] 徐林清. 试析我国劳动力市场分割对农村人力资本积累的制约[J]. 岭南学刊, 2002 (4).

[185] 徐肇涵. 中国城市集聚效应与非农劳动生产率的实证研究[J]. 经济学动态, 2012 (8).

[186] 张学良. 中国交通基础设施促进了区域经济增长——兼论交通基础设施的空间溢出效应[J]. 中国社会科学, 2012 (3).

[187] 张宗益, 康继军等. 中国经济体制市场化进程测度研究[J]. 经济体制改革, 2006 (3).

[188] 张剑虎, 李长英. 产品多样化与企业区位选择[J]. 经济学 (季刊), 2010 (7).

[189] 张富刚, 郝晋珉, 姜广辉等. 中国城市土地利用集约度时空变异分析[J]. 中国土地科学, 2005 (1).

[190] 张妍云. 我国的工业集聚及其效应分析——基于各省工业数据的实证研究[J]. 技术经济管理研究, 2005 (4).

[191] 张如庆, 张二震. 市场分割、FDI与外资顺差——基于省际数据的分析[J]. 世界经济研究, 2009 (2).

[192] 张昕, 李廉水. 我国城市间制造业劳动生产率差异的解释[J]. 中国软科学, 2006 (9).

[193] 张维达. 政治经济学[M]. 北京: 高等教育出版社, 2006.

[194] 张晓欢, 沈体雁, 常旭. "4D"视角下的县域经济[J]. 开放导报, 2013 (2).

[195] 张艳, 刘亮. 经济集聚与经济增长——基于中国城市数据的实证分析[J]. 世界经济文汇, 2007 (1).

[196] 张曙光, 赵农. 市场化及其测度——兼评中国经济体

制市场化进程研究 [J]. 经济研究, 2000 (10).

[197] 张晏, 龚六堂. 分税制改革、财政分权与中国经济增长 [J]. 经济学（季刊）, 2005 (5).

[198] 周杰, 薛有志, 吴超. 市场化进程、地区开放度与企业跨国并购 [J]. 经济与管理研究, 2012 (12).

[199] 周沂, 沈昊婧, 贺灿飞. 城市群发展的 3D 框架——以武汉城市群为例 [J]. 资源与发展, 2013 (2).

[200] 赵彦云, 李静萍. 中国市场化水平测度分析与预测 [J]. 中国人民大学学报, 2000 (4).

[201] 周飞, 孙小丹. 论我国出口多样化对经济增长的影响——基于赫芬达尔指数测量指标的量化研究 [J]. 求索, 2012 (2).

[202] 郑京淑, 吴秦. 产业结构多样化对区域经济发展的影响——研究综述与政策启示 [J]. 广东外语外贸大学学报, 2010 (5).

[203] 张莹. 金融发展、经济增长与产业升级动态交互影响研究——基于甘肃省市级数据的面板 VAR 分析 [J]. 西华大学学报（哲学社会科学版）, 2013 (6).

[204] 朱农. 中国四元经济下的人口迁移——理论、现状与实证分析 [J]. 人口与经济, 2001 (1).

[205] 张展新. 劳动力市场的产业分割与劳动人口的流动 [J]. 中国人口科学, 2004 (2).

[206] 张浩然. 地理距离、集聚外部性与劳动生产率——基于城市数据的空间面板计量分析 [J]. 南方经济, 2012 (2).

[207] 郑毓盛, 李崇高. 中国地方分割的效率损失 [J]. 中国社会科学, 2003 (1).

[208] 周振华. 体制变革与经济增长 [M]. 上海：上海三联

书店，上海人民出版社，1999．

［209］国家计委市场与价格研究所课题组．我国经济市场化程度的判断［J］．宏观经济管理，1996（2）．

世军、夏欢欢等。在我攻读博士学位期间离不开你们的关心和鼓励,尽管学习是枯燥的,但正是由于你们的陪伴,我才顺利度过了我人生最难忘的时光。

最后,我要感谢我的家人。多年来,无论我在工作还是在学习中,都离不开你们的陪伴、关爱、支持和鼓励。在此,还要特别感谢我的儿子,他利用休息时间帮我处理一些数据,并希望他在以后的人生道路上能够健康快乐地成长。仅以此书献给我的父母、我的爱人和我的儿子,以及关心和帮助过我的所有亲人。

致　谢

掩卷而思，回首博士学位求学之路，我心中充满了无限感慨。每当在夜深人静的时候，我独自查阅资料，思考文章的整体框架，经常扪心自问，这样执着值得吗？但又回想起这么多年自己的努力、朋友的鼓励、父母的愿望，我没有理由退缩，必须鼓起勇气战斗到最后。

回想起我的求学经历，往事历历在目，如今我要倾吐出来，以表达对关心和支持我学习的所有人的感谢。

首先，我要感谢博士生导师贾志永教授，在一次偶然的机会拜读在贾老师门下，才有机会攻读博士学位。贾老师工作勤奋、治学严谨、胸怀宽广，令我由衷敬佩，并成为我以后工作和学习中的榜样。在指导论文过程中，贾老师能把现实中热点问题与经济学中的理论很好地联系起来，使我受益匪浅，并为我较快地进入博士论文的选题、撰写打下了基础。当然，在我博士论文的开题到中期也离不开我的另外两位导师，一位是王成璋教授，另一位是王建琼教授，他们都为我的博士论文谋篇布局，提出了许多宝贵的意见。还有在我博士论文的开题、中期、内审、外审的老师，在此一并感谢。

其次，我要感谢我的同门师兄弟以及我的博士班同学们，他们是：杨超、陈宇、刘鹏、查建平、高永全、邓宇、苏伟洲、刘军、梁德翠、尹念红、尹建平、向艺、余俞、张静，以及杨